Das Buch

Zeit zu investieren, um sich auf ehrliche Weise mit dem eigenen Leben zu beschäftigen, ist eine der lohnendsten Investitionen überhaupt. Und wenn es mithilfe dieses Buches geschieht, auch eine sehr kurzweilige Beschäftigung. Denn Dr. Gordon Livingston besitzt die seltene Fähigkeit, sogar die schonungslosesten, tiefsten Einblicke in die menschliche Natur unterhaltsam zu verpacken. »Nach dem Tod ist es zu spät zum Singen«, lautet eine dieser Wahrheiten. Eine andere: »In einer Lawine beteuert jede Schneeflocke ihre Unschuld.« Oder: »Wut fällt leichter als Traurigkeit.«

Wahrheiten eben, die jeder von uns im eigenen Leben schon erfahren hat – aber ohne sie in ihrer ganzen Tragweite wirklich zu ermessen. Aus Dr. Livingstons Feder spricht die Stimme unseres wahren Gewissens. Sie erklärt uns nicht als schlecht und schuldig, sondern zu Meistern unseres Lebens – denn das ist unsere einzige Chance: »Und tanze einfach weiter.«

Der Autor

Dr. Gordon Livingston arbeitet seit über drei Jahrzehnten als Arzt und Psychiater. Er ist Autor mehrerer Bücher, unter anderem des internationalen Bestsellers *Zu früh alt und zu spät weise?* und veröffentlicht regelmäßig Beiträge in der *Washington Post*, im *San Francisco Chronicle* und in *Reader's Digest*. Er lebt in Columbia, Maryland.

www.gordonlivingston.com

GORDON LIVINGSTON

Und tanze
einfach weiter

Neue unbequeme Wahrheiten,
um aus dem Leben klug zu werden

Aus dem Amerikanischen
von Jochen Lehner

WILHELM HEYNE VERLAG
MÜNCHEN

Die amerikanische Originalausgabe erschien 2006 unter dem Titel
»And Never Stop Dancing«
im Verlag Marlowe & Company, New York, USA.

Verlagsgruppe Random House FSC-DEU-0100
Das für dieses Buch verwendete FSC®-zertifizierte Papier
Holmen Book Cream liefert Holmen Paper, Hallstavik, Schweden.

Taschenbucherstausgabe 08/2011

Redaktion: Karin Weingart
Umschlaggestaltung: Guter Punkt, München
Umschlagmotiv: © Peter Junge / SWSP Design, München
Herstellung: Helga Schörnig
Satz: Christine Roithner Verlagsservice, Breitenaich
Druck und Bindung: GGP Media GmbH, Pößneck

ISBN 978-3-453-70179-3

http://www.heyne.de

Für meine Kinder
Kirsten, Nina, Andrew, Michael, Emily und Lucas.
Vieles wurde genommen, doch es bleibt auch viel.

Und für meine Enkel
Tatiana, Karl und Felipe,
unser Geschenk an das einundzwanzigste Jahrhundert.

Vor einigen Jahren wurden mehr als zwanzig junge Leute in einer Disco in Tel Aviv durch eine Bombe getötet. Die israelische Jugend ließ sich dadurch nicht beirren und hielt an ihrem intensiven Nachtleben fest. Heute steht vor dem Ort des Anschlags ein Gedenkstein mit den Namen der Toten. Darunter nur der Satz: »Lo nafsik lirkod.« Er bedeutet: »Wir tanzen weiter.«

GENE WEINGARTEN, *The Washington Post Magazine*

INHALT

1

Das Leben ist voller Widersinn

Nach sechsunddreißig Jahren, in denen ich meine Patienten von ihren Träumen und Enttäuschungen erzählen höre, ist für mich eines nicht mehr zu übersehen: dass viele von uns ihre liebe Mühe mit dem Glück haben und nicht recht wissen, wie man diesen erstrebenswerten Zustand erreicht und beibehält.

Wir leben in einer Überflussgesellschaft, wie es sie nie zuvor gegeben hat. Unser materielles Wohl ist so gut wie gesichert, Feinde gibt es praktisch keine und die meisten der für den Menschen gefährlichen Infektionskrankheiten sind unter Kontrolle. Diese Gesellschaft bietet uns reichlich Freiräume, in denen wir Lebensformen und Möglichkeiten des Miteinanders ausprobieren können, die Erfüllung und dauerhafte Zufriedenheit versprechen. Sollte man meinen. Leute wie ich leben davon, dass es nicht so ist.

Aber wo liegt eigentlich das Problem? Heißt Mensch zu sein etwa, dass sich etwas zwischen uns und das Leben unserer Träume schiebt?

Als einer, der sein Geld mit Herz und Kopf verdient, bewundere ich schon immer Menschen, die mit ihren

Händen arbeiten. In meiner Jugend habe ich viel Zeit auf einer Farm verbracht und wurde in manchem ganz gut, zum Beispiel in der Umwandlung von Baumstämmen in Feuerholz. Vor Jahren erwarb ich in einem kleinen Ort vor der Stadt ein Haus und stattete es mit einem Bollerofen aus. Dann zog ich los, um Holz zu erbeuten. Dabei kam ich einmal an einem Haus vorbei, in dessen Vorgarten eine abgestorbene Eiche stand. Ich fragte den Besitzer, ob es ihm recht sei, dass ich den Baum fälle und als Gegenleistung das Holz mitnehme. Gern stimmte er zu.

Ich ließ den Baum auf die Straße fallen und zersägte ihn im Laufe eines Tages in einen ansehnlichen Stapel Scheite. Bei der letzten Fuhre äußerte der Hausbesitzer seine Dankbarkeit und verriet mir, er habe für diese Arbeit früher schon einmal ein Angebot bei einer Firma eingeholt und die habe fünfhundert Dollar gefordert. Da beschloss ich, mich in diesem Metier selbstständig zu machen. Wie sich herausstellte, braucht man dafür eine Lizenz, für die eine Prüfung in Theorie und Praxis abzulegen ist.

So fand ich mich denn eines Tages in der Landeshauptstadt ein und betrat ein Zimmer voller junger Kerle, alle im Flanellhemd und mit Dreitagebart. Die schriftliche Prüfung war ganz einfach, danach jedoch zogen wir mit einem der Prüfer durch die Straßen der Stadt. Hier und da zeigte er auf einen Baum und wir mussten die botanischen Namen aufschreiben. Es war Winter. Während alle, die ihre Bäume draufhatten, sich Notizen machten, kroch ich auf dem Boden herum und scharrte Blätter aus dem Schnee, die mir Aufschluss geben konnten.

Aber ich bekam meine Lizenz, setzte gleich ein Inserat in die Zeitung und habe die nächsten Jahre wirklich eine Menge Bäume gefällt. Ich hielt das für eine äußerst produktive Möglichkeit, mir Bewegung zu verschaffen, viel besser als irgendwelche Maschinen im Fitnesscenter. Dann heuerte ich einen echten Baumexperten an, der mir das Klettern beibringen sollte. Das gab dem Ganzen noch etwas mehr Reiz, löste allerdings auch immer wieder Konsternierung bei meinen Auftraggebern aus, wenn mein Bereitschaftspiepser oben im Baum losging. Dann musste ich mich abseilen und in der Klinik anrufen, um mich bei der Notaufnahme zu melden.

An Zuschauern fehlte es mir nie, wenn ich in die Kronen stieg oder einen Baum fällte. Einmal musste ein abgestorbener Hickory abgebaut werden, und beim Hochklettern hielt ich mich an einem Ast fest, der brach. Ich stürzte aus knapp zehn Metern Höhe auf den Rasen, zwischen einen gepflasterten Weg und eine Gruppe Zuschauer. Da lag ich dann, halb benommen, halb peinlich berührt, als ein Mann auf mich zustürzte, meine Schilddrüse zu befingern begann und mir dabei versicherte: »Keine Sorge, ich bin Arzt.«

»Was für einer?«, wollte ich wissen.

»Haut«, sagte er. In der Ferne hörte ich bereits die Sirene der Ambulanz.

Mein Geschäft gab ich auf, als meine Wirbelbrüche wieder geheilt waren.

Ich erzähle das, weil es wie so vieles im Leben Gutes und Schlechtes enthält: Der Traum, mein Brot im Schweiße meines Angesichts zu essen, ging in Erfüllung, aber meine Gesundheit nahm Schaden. Wer elegant in seinem Klettergeschirr agieren möchte, muss dazu erst einmal einen Baum erklimmen. Man ist voller Bewunderung für Menschen, die solche Risiken auf sich nehmen, doch ein Absturz besitzt auch einigen Unterhaltungswert. Feuerholz hatte ich reichlich, aber mein schlimmer Rücken vergällte mir das Vergnügen, es ins Haus zu schaffen. Und so weiter.

Ich bin inzwischen zu der Überzeugung gelangt, dass das Paradoxe eine ganz entscheidende Rolle im Leben der Menschen spielt. Bei vielem, was uns geschieht, erfahren wir erst sehr viel später, ob es ein Glücksfall oder eine Katastrophe war. Das Paradoxe kommt auch in Wörtern und Redensarten zum Ausdruck: »Zu viel des Guten« beispielsweise, »Übereifer« oder auch »Manchmal straft uns Gott, indem er unsere Gebete erhört«. Erfolg im Beruf geht zulasten unserer Familie. Die Liebe der Jugend wird zur Heimsuchung der mittleren Jahre. Erfahrung macht uns klüger, aber die Zeit ringt uns doch nieder. Je mehr die Dinge sich ändern, desto deutlicher bleiben sie sich gleich.

Die größte Desillusionierung liegt in der Entdeckung, dass »Regeltreue« keineswegs immer, ja nicht einmal meistens ein erfülltes Leben verspricht. Es zeigt sich nämlich, dass viele der Regeln, an die wir uns halten, dem Schutz der Interessen und Privilegien anderer dienen. Deshalb fühlen viele sich Mächten ausgeliefert, auf die sie keinen Einfluss haben: einer gesichtslosen Bürokratie, den Großkonzernen, der Dynamik des Wirtschaftslebens – all diesen Motoren einer Gesellschaft, die zwar das Streben nach Glück zu einem Grundrecht gemacht hat, den Weg zu diesem Glück aber mit allerlei Stolpersteinen pflastert.

Wenn es gilt, den Begriff »akzeptables Verhalten« zu definieren, stellt sich den Institutionen, die mit der psychischen Gesundheit befasst sind, zunächst einmal die Aufgabe zu bestimmen, was eigentlich »normal« ist. Die Psychiatrie hat dazu ihren Beitrag geleistet und das *Diagnostic and Statistical Manual of Mental Disorders* (»Diagnostisches und statistisches Handbuch psychischer Störungen«) erstellt, das jetzt in seiner vierten Ausgabe vorliegt (DSM IV). Dieses gewichtige Kompendium stellt Verhaltensweisen vor, die in unserer Gesellschaft als Abweichungen gelten. Dort finden wir schwere psychische Leiden – Schizophrenie, bipolare Störung, Major Depression – neben all den Formen von Angst und Entmutigung, die Menschen bewegen, sich Hilfe zu suchen. Es werden aber auch all die Anpassungsstörungen und lästigen Verhaltensmuster berücksichtigt, die man unter »Persönlichkeitsstörungen« zusammenfasst: antisoziales Verhalten, Zwänge, Abhängigkeit, Vermeidungshaltung – und damit all die Leute, die ihren Mitmenschen den letzten Nerv töten oder sie ausbeuten und vor den Kopf stoßen.

Manche unserer Wesenszüge scheinen zumindest teilweise genetisch vorgeprägt zu sein. Bei eineiigen Zwillingen treten mit hoher Wahrscheinlichkeit die gleichen psychischen Störungen auf, selbst wenn sie nicht zusammen aufgewachsen sind. Auch bei Persönlichkeitszügen, vor allem der antisozialen Persönlichkeitsstörung, ist ein hohes Maß an Übereinstimmung zu erkennen. In der alten Streitfrage nach dem Einfluss von Erbe und Umwelt zeichnet sich, und das wird niemanden überraschen, die Antwort ab: Für die Gestaltung unserer Persönlichkeit sind beides wichtige Faktoren.

Bei all diesen Diagnosen und Beschreibungen menschlichen Verhaltens bleibt es aber dabei, dass wir auf die essenziellen Fragen selbst Antworten finden müssen: wie wir leben, wie wir entscheiden, für was wir selbst verantwortlich sind und womit wir uns abfinden müssen. Ein Beispiel: Zweifellos gibt es die Anlage zu koronaren Herzerkrankungen, Faktoren wie Geschlecht und erbliche Belastung, auf die wir keinen Einfluss haben. Wenn Sie ein Mann sind und der frühe Herztod bei den männlichen Mitgliedern Ihrer Familie keine Seltenheit ist, dürfte es ratsam sein, nicht zu rauchen, sich vernünftig zu ernähren und für genügend Bewegung zu sorgen. Ein erhöhtes Infarktrisiko werden Sie trotzdem haben. Könnte man da nicht gleich sagen: »Was soll's?«, und fröhlich essen, trinken und rauchen, solange es geht? Das ist natürlich eine ganz persönliche Entscheidung.

Jemand hat Glück einmal als den Quotienten aus Errungenschaften und Erwartungen definiert. Wenn der Wert dieses Bruchs hoch genug ist – wenn wir aus unserem Leben etwas gemacht haben (was auch immer wir darunter verstehen mögen) –, stehen unsere Glückschancen gut. Überschreitet der Nenner Erwartungen jedoch eine gewisse Größe, wird er alle unsere Leistungen so stark relativieren, dass Unzufriedenheit die Oberhand gewinnt. Behalten wir aber die wichtige Tatsache im Auge, dass wir Zähler und Nenner dieses Glücksquotienten *selbst* definieren. Wie viel Leistung und Erfolg braucht ein jeder von uns, um sich zufrieden zu fühlen? Und in welchem Verhältnis steht das zu den Erwartungen, die wir an uns selbst stellen? Hier haben wir eine Erklärung dafür, dass manche in materieller Hinsicht schlechter gestellte Menschen trotzdem glücklicher zu sein scheinen als wir, und zugleich ist dies der Hintergrund der alten Binsenweisheit, dass man Glück nicht kaufen kann. (Allerdings meinen manche auch, es sei alles bloß eine Frage der richtigen Bezugsquellen.)

Die beste Lebensstrategie scheint demnach zu sein: gestalten, was sich gestalten lässt, ohne dem Wahn zu erliegen, man habe alles in der Hand. Vielleicht lässt sich das auch mit einem weiteren Paradox sagen: Ein Maximum an Kontrolle gewinnen wir, wenn wir uns die Fantasie der totalen Kontrolle aus dem Kopf schlagen. Es ist eine Wanderung auf dem schmalen Grat zwischen Hilflosigkeit und Allmachtsgefühlen.

Wenn Sie das als Aufruf zur Bescheidenheit verstehen, müssen Sie damit nicht unbedingt falschliegen. Ich selbst denke lieber so darüber: In einer Welt, in der es durchaus normal ist, dass überraschend der schlimmste Fall auftritt, sollten wir unsere Erwartungen realistisch halten und uns Widerstandskraft gegen das Tragische aneignen – genügend Widerstandskraft, um nicht zu verzweifeln. Bleiben wir auf Tuchfühlung mit dem Paradox, dass Gutes auch Schlechtes mit sich bringt und umgekehrt. Lernen wir zu akzeptieren, was nicht zu ändern ist. Und in der Kunst des Loslassens sollten wir uns üben: von der Vergangenheit, von ungelösten Kränkungen, von unserer Jugend. Hier kommt niemand mit dem Leben davon. Ob wir daran verzweifeln oder es als den Stachel nehmen, der uns jeden Tag wieder den Mut zum Aufstehen gibt, ist eine Frage der persönlichen Einstellung. Und die können wir wählen.

2

NICHT ALLES, WAS WIR ZU WISSEN GLAUBEN, STIMMT AUCH SO

Blinde Flecken haben wir alle. Von diesem und jenem, was uns selbst oder die Welt betrifft, sind wir fest überzeugt und bleiben es auch, selbst wenn die Fakten in aller Deutlichkeit dagegensprechen. Bei meiner Arbeit als Psychiater mache ich immer wieder die Erfahrung, dass die meisten Menschen ein durchaus angemessenes Bild von sich selbst besitzen. (Allerdings habe ich es auch mit mehr depressiven Menschen zu tun als die meisten anderen.) Gut, wenn man jemanden fragt, wie alt er sich fühlt, wird fast jeder zehn Jahre von seinem chronologischen Alter abziehen. Aber nur wenige bilden sich wirklich ein, zehn Jahre jünger zu sein. Wir wissen ziemlich genau, wie alt wir sind. Und wenn wir es anderen gegenüber nicht gern zugeben, wissen wir doch zumindest die Wahrheit.

Nicht viele Erwachsene halten sich für außergewöhnlich attraktiv, idealgewichtig, superintelligent und meinen, ihnen sei Großes beschieden. Freud haben wir sogar eine handliche Bezeichnung für Leute zu verdanken, die zu gut von sich denken: Sie sind narzisstisch. (Allerdings kann es schon einmal vorkommen, dass wir jemanden, der besser aussieht als wir selbst, kurzerhand zum Narzissten erklären.)

Viele Menschen neigen eher dazu, ihre Stärken zu unterschätzen. Eine Ausnahme sind die, die wir dafür bezahlen, dass sie uns unterhalten. Überlegen Sie einmal, was Sie auf die folgenden Fragen antworten würden: Sind Sie ein einfühlsamer Mensch? Haben Sie Humor? Sind Sie ein guter Autofahrer? Probieren Sie es bei Freunden und Verwandten, und achten Sie darauf, wie wenige darauf mit Nein antworten. Ich kenne Menschen, die so gut wie keine Selbstwahrnehmung haben und doch überzeugt sind, sich sehr gut zu kennen. Bloß nicht versuchen, ihnen das auszureden! Ich höre die abenteuerlichsten Erklärungen für Seelennöte aller Art, aber kaum jemand sagt: »Ich glaube, mein Problem hängt irgendwie mit meiner Persönlichkeit zusammen, aber ich blicke ehrlich gesagt kaum je unter die Oberfläche. Ich lasse alles einfach so laufen.« Manchmal bringe ich jemanden dazu, unbewusste Motive oder unzweckmäßiges Denken zumindest für möglich zu halten. Manchmal auch nicht.

Die Fähigkeit zu lachen, vor allem über die eigene Person, ist ein effektiver Selbstschutz und eines der besten Mittel gegen die Tragödien, die das Leben so reichlich für uns bereithält. Wenn früher jemand in einer Therapiesitzung seinen Humor beschwor, habe ich ihn häufig gebeten, mir einen Witz zu erzählen. Aber das ist eigentlich unfair, eher ein Gedächtnis- als ein Humortest.

Heute gebe ich in solchen Fällen einfach Pointen vor und fordere den Patienten auf, sich eine Geschichte dazu auszudenken. Probieren Sie es doch auch einmal:

- »Wenn die vierte auch noch ausfällt, bleiben wir den ganzen Tag hier oben hängen.«
- »Der Kapitän möchte morgen früh Wasserski fahren.«
- »Gestern habe ich vergessen, Sie anzurufen.«
- »Sieh einfach zu, dass du nicht mehr im Haus bist, wenn ich komme.«

Lustig, oder? Nicht für jeden. Wenn Ihnen in allen vier Fällen nichts einfällt, sehen Sie auf www.gordonlivingston.com unter dem Link »Jokes« nach.

Zum Autofahren brauchen wir nicht viel zu sagen. Die Leute, die da vor mir sitzen, haben übervolle Punktekonten, schon etliche Unfälle gebaut oder wegen Alkohol am Steuer sogar eine Gefängnisstrafe abgesessen. Alle sind sie gute Fahrer! Nur hatten sie eben Pech oder sind an einen übereifrigen Gesetzeshüter geraten. Hat Sie nicht schon einmal das Gefühl beschlichen, auch die Fahrerin des Wagens neben Ihnen, die sich bei hohem Tempo die Lippen nachzieht, oder der Mann, der Sie gerade eben geschnitten hat, hielten sich für wahre Koryphäen am Steuer?

Unsere drei Fragen verraten (ähnlich wie die drei großen Lügen »Der Scheck ist unterwegs«, »Ich liebe dich« und »Der Flug hat etwa eine Stunde Verspätung«) einiges über uns und das Menschsein im Allgemeinen. Vielleicht würden wir ab und zu gern im Lotto gewinnen oder einmal im Fernsehen auftreten. Was unser Leben aber wirklich aufwerten könnte, wäre: mehr lachen, überlegen, warum wir eigentlich auf der Welt sind, und Rücksicht im Straßenverkehr.

3

VERGEBUNG IST EIN GESCHENK AN UNS SELBST

Nach dem Massaker an der Columbine Highschool in Colorado 1999 standen auf dem Hügel hinter dem Gebäude eine Zeit lang fünfzehn Kreuze – zur Erinnerung an die Opfer, aber auch an die Täter. Dann entfernten der Vater und der Stiefvater eines der getöteten Kinder die beiden Kreuze mit den Namen der Mörder. Sie fanden es unangebracht, der Täter an derselben Stelle zu gedenken wie ihrer Opfer.

Während wir noch ratlos vor der Sinnlosigkeit des ganzen Geschehens standen, mussten wir uns schon mit einer zweiten Frage auseinandersetzen, nämlich der, welche Haltung wir dazu einnehmen sollten. Nach der Beerdigung und den Gedenkfeiern begannen die Ereignisse an Farbe zu verlieren wie das Blütenmeer vor der Schule. Die Kommentatoren begannen sich ihren Meinungsrohstoff wieder anderswo zu suchen, und die Geschichte der beiden Jugendlichen, die sich zur Feier von Hitlers Geburtstag etwas wirklich Besonderes hatten einfallen lassen, ging im Strom der Ereignisse auf, der an uns vorbeirauscht, und geriet in Vergessenheit – außer natürlich bei den unmittelbar betroffenen Familien.

Nur Hinterbliebene wissen, wie es ist, wenn keiner von ungeheilten, unheilbaren Wunden Notiz nimmt. Doch wenn wir schon vergessen müssen, könnten wir eigentlich auch gleich die Möglichkeit der Vergebung in Betracht ziehen.

Uns Amerikanern wurde das nicht gerade in die Wiege gelegt. Unser Rechtssystem, der wichtigste Hebel für die Durchsetzung dessen, was rechtens ist, beruht zu einem erheblichen Teil auf dem Prinzip der Heimzahlung. Der Gedanke, Gleiches mit Gleichem zu vergelten, auch wenn dies gar nicht möglich ist, hat in unserer Kultur tiefe Wurzeln. Ich will nur zwei Beispiele nennen: Vierundsiebzig Prozent aller Amerikaner befürworten die Todesstrafe. Und: Wir sind die prozesssüchtigste Gesellschaft der Welt. Keinem Fehler, durch den ein anderer tatsächlich oder vermeintlich zu Schaden kommt, wird mit Nachsicht begegnet. Über andere herzuziehen oder ihnen die Schuld in die Schuhe zu schieben ist ein Nationalsport geworden.

Unter diesen Umständen kann das Prinzip der Vergebung natürlich keinen hohen Stellenwert haben. Eine mögliche Definition dieses Begriffes wäre: auf eine berechtigte Klage verzichten. Verzeihen wird gern mit Vergessen oder gütlicher Einigung verwechselt, ist aber beides nicht. Verzeihen ist vielmehr Loslassen, Preisgeben. Und wir tun es nicht für andere; es ist ein Geschenk, das wir uns selbst machen. Die Todesschützen an der Columbine High School haben sich selbst gerichtet. Was könnten wir ihnen noch antun? Durch unser Verzeihen befreien wir sie von keiner Rechenschaftspflicht; aber wir selbst könnten uns damit die Last der Bitterkeit ersparen. In diesem Sinne ist Vergebung kein altruistischer Akt, sondern dient uns selbst.

Menschen, die in die Psychotherapie kommen, sind voller Klagen. Misshandlungen in der Kindheit, trunksüchtige Eltern, schlimme Ehen und Kalamitäten jeder Art werden angeführt, um gegenwärtige Stimmungslagen und Verhaltensweisen zu erklären. Nun sind wir alle mehr oder weniger stark von unserer Vergangenheit geprägt, das Dumme ist nur, dass an ihr nichts mehr zu ändern ist. Wer sich aus dem Würgegriff der Vergangenheit lösen möchte, muss eine bewusste Entscheidung treffen, und die verlangt seltsamerweise keine Stärke, sondern Mut. Dazu gehört zwangsläufig die Bereitschaft zu verzeihen, und zwar nicht nur den Menschen, die uns Schmerzen zugefügt haben, sondern auch uns selbst: für die tausend Fehler, Schwächen und verpassten Gelegenheiten, aus denen unser Leben besteht.

Das Fernsehen wäscht uns alle im Blut unschuldiger Menschen. Den Bildern aus Colorado folgten die von Darfur und aus dem Irak. Gibt es unverzeihliche Sünden? Gut möglich. Wer könnte es dem Vater verübeln, dass er die Kreuze für die Mörder seiner Tochter entfernte? Das ganze Blutbad lässt sich aber auch als Scheitern des Verzeihens sehen. Berichten zufolge sind die beiden jungen Burschen schlecht behandelt und ausgegrenzt worden. In ihren Herzen wuchs der Hass. Ihr Verbrechen ist unentschuldbar. Wenn wir das Geschehen aber (wie wir behaupten) wirklich verstehen wollen, dürfen wir nicht denselben Geist walten lassen, der die beiden zu ihrem grausigen Tun veranlasste.

Vergebung und Gerechtigkeit sind keine Ziele, die einander ausschließen. Wir können Menschen zur Rechenschaft ziehen, ohne uns einzubilden, das Böse existiere nur außerhalb unserer selbst oder das Leben sei wirklich so simpel, wie man uns einzureden versucht. Im März 2005 gelang es der sechsundzwanzigjährigen alleinerziehenden Mutter Ashley Smith, ihr Überleben zu sichern und gleichzeitig auf die seelischen und religiösen Nöte des Todesschützen von Atlanta, Brian Nichols, einzugehen, der vier Menschen getötet hatte, bevor er sie in ihrer Wohnung als Geisel nahm. Stundenlang unterhielten sich die beiden, bevor er sie schließlich freiließ und sich der Polizei ergab.

Wenn man Ashley Smith nur dafür bewundert, dass sie ihr Leben rettete, übersieht man leicht den Austausch, der zwischen diesen beiden so unterschiedlichen Menschen stattfand. Eigentlich dürfte ihr das Leben gerettet haben, dass sie beschloss, auf ihn einzugehen, und über familiäre und religiöse Themen mit ihm sprach. Darin zeigt sich aber auch Nichols komplexe Persönlichkeit. (Ihre eigene komplexe Persönlichkeit wurde erst später erkennbar, als sie mitteilte, sie habe ihren persönlichen Vorrat an Methamphetamin mit ihm geteilt.) Vergewaltigung wurde ihm vorgeworfen, und ganz sicher war er ein Mörder, doch ihr tat er nichts. Sie wurde für ihn zu einem Menschen, der ein Anrecht auf Leben und Achtung hat. Als er sie freiließ, sagt sie, muss ihm bewusst gewesen sein, dass sie die Polizei rufen würde.

Wenn wir ihn als gewissenloses Ungeheuer sehen wollen, müssen wir alles ignorieren, was für die Menschlichkeit spricht, mit der er seine Geisel überleben ließ. Nach einer (in diesem Fall buchstäblichen) Schwarz-Weiß-Sicht der Welt könnte er nur der Inbegriff all unserer Ängste vor Schlechtigkeit und Gewalt sein, und sie würde als Heldin dastehen, auch wenn ihr Handeln zu jedem Zeitpunkt von dem Willen geleitet war, ihre Überlebenschancen so gut wie möglich zu nutzen. Sie dachte, er werde sie vielleicht verschonen, wenn sie ihn als Mensch akzeptierte und sein Vertrauen gewann – und er tat es.

Es sieht ganz so aus, als habe Brian Nichols etwas gesucht, was ihm wichtiger war als seine Freiheit. Im Laufe der Gespräche, die er in dieser langen Nacht mit Ashley Smith führte, begann er die Geiselnahme als gewissermaßen von der Hand des Allmächtigen geleitet zu sehen. »Er sagte, ich sei ein von Gott gesandter Engel«, erzählt sie. »Ich sei seine Schwester und er mein Bruder in Christo.« Eigentlich war sie eher wie eine gute Mutter zu ihm. Sie hörte ihm zu, brachte ihn vom Selbstmord ab, ließ ihn so etwas wie Vergebung spüren und bereitete ihm sogar Pfannkuchen zu.

Unsere Helden sagen eine Menge über uns aus: Feuerwehrleute, die Gebäude betreten, die sie manchmal unter sich begraben; Soldaten, die jederzeit von einer tödlichen Kugel getroffen werden können; eine Frau, die mit ihrer Intuition und ihren religiösen Überzeugungen ihr Leben rettet.

Man kann es aber auch so sehen: Ashley Smith hat uns allen demonstriert, was Glaube, Einfühlungsvermögen und Optimismus selbst in einer praktisch ausweglosen Lage ausrichten können. Und an Brian Nichols konnte sichtbar werden, dass selbst Gewalttäter schwer widerstehen können, wenn ihnen Freundlichkeit, Mitmenschlichkeit und Pfannkuchen geboten werden.

4

DIE EHE MACHT VIELE BEZIEHUNGEN KAPUTT

Dies ist die Tyrannei der Ehe: Das Gelöbnis kehrt das Schlimmste in uns hervor. Fliegendes Geschirr, krachende Türen, zu Säuglingsgrimassen verzerrte Gesichter – es steht alles im Kleingedruckten. Niemand sagt uns das. Niemand sagt uns, dass es bedingungslose Liebe in dieser Welt nur zwischen Eltern und Kindern gibt … Die Leidenschaft zwischen Mann und Frau ist endlich. Wenn sie tausend Tage anhält, schätz dich glücklich …
Keine Einsamkeit kommt der Ehe gleich.

DANI SHAPIRO, *Picturing the Wreck*

Was zieht uns eigentlich so unwiderstehlich zur Ehe hin, was suchen wir darin? Nun, zunächst einmal natürlich die Erwartung, jemanden zu finden, mit dem wir uns zu allen möglichen praktischen Zwecken – von den Steuervorteilen bis zur Arbeitsteilung im Haushalt und bei der Versorgung der Kinder – verbünden können. Zudem beendet die Ehe in der Vorstellung vieler Leute eine lange Suche und bietet Zuflucht vor den Ängsten des Alleinseins.

Bei allen Vorteilen, die das Singledasein bieten mag – Unabhängigkeit, Flexibilität und die Gelegenheit zu aufregenden sexuellen Abenteuern mit wechselnden Partnern –, ein Blick in die immer populärer werdenden Kontaktbörsen im Internet lässt vermuten, dass wir uns eigentlich alle eine verbindliche, dauerhafte Zweierbeziehung wünschen.

Wenn wir uns schließlich für die Ehe entscheiden, freuen sich alle für uns. Wir beginnen mit den Vorbereitungen und steuern zielsicher auf den größten (und auch teuersten) Tag unseres Lebens zu.

Beruflich habe ich viel mit Menschen zu tun, bei denen – meist in den schmerzlichen Zeiten einer Trennung oder Scheidung – die mulmigen Gefühle wieder hochkommen, die sie vor diesem großen Tag hatten, wenngleich sie in dem ganzen familiären Übereifer fast untergingen. Wenn ich frage, warum denn damals der leisen Stimme des Zweifels kein Gehör geschenkt wurde, wird meistens geantwortet: »Die Einladungen waren ja schon verschickt« oder »Die Blumen waren doch schon bezahlt«.

So schreiten denn die bange Braut und der Bräutigam zur Zeremonie. Und in mehr als fünfzig Prozent aller Fälle stellen sie später fest, dass sich der Mensch, den sie geheiratet haben, verändert hat und dass sie ihn nicht mehr lieben. Wie es zu dieser Erkenntnis kommt? Untreue, schlechte Behandlung, manchmal schlicht Langeweile. Dann heißt es: »Wir haben uns auseinandergelebt« oder »Ich habe jemand anders gefunden« oder »Ich halte die ewige Streiterei nicht länger aus«. Erkundige ich mich dann nach dem Gegenstand der Auseinandersetzungen, sind es immer dieselben: Kinder, Geld, Sex, Schwiegereltern – alles, was eine Ehe zermürbt, wenn die Partner einander nicht mehr lieben. Eine scheiternde Ehe ist wie eine Speisenfolge, die man nicht mag: zu wenig Schmackhaftes, zu viel Widerwärtiges.

Dann kommt die bittere Scheidung, die von bezahlten Stellvertretern ausgefochten wird, ein Kampf, bei dem niemand gewinnt. Schließlich sind die ehemals Liebenden getrennt und stürzen sich erneut in das ungewisse Abenteuer der Suche nach einem Seelengefährten. Dass aus dieser ganzen unerfreulichen Prozedur kaum jemand etwas lernt, erkennt man daran, dass die Scheitungsraten bei Zweitehen noch höher sind.

Warum ist das alles bloß so schwer auf die Reihe zu bekommen? Vielleicht sind ja unsere Mütter schuld. Entweder haben sie uns derart mit Liebe überhäuft, dass ihnen kein Erwachsener je das Wasser reichen kann, oder sie haben uns nicht genug geliebt, sodass wir Kinder geblieben sind, immer auf der Suche nach jener bedingungslosen Bejahung, die kaum ein Partner wird bieten können oder wollen. Oder es scheitert alles an unrealistischen Erwartungen. Vielleicht ist auch Hollywood schuld.

Viele von uns lassen sich von den romantischen Vorstellungen locken, die sich mit der Ehe verbinden: den Menschen zu finden, mit dessen Hilfe wir ganz und heil werden. Allein fühlen sich nur wenige ganz und vollständig, und so ist es nicht überraschend, dass wir Hilfe suchen. Leider sind wir in jungen Jahren, wenn wir uns nach Verbündeten für dieses ehrgeizige Unternehmen umsehen, noch ziemlich … dumm. Zumindest noch unerfahren. Wir wissen noch nicht, wie es in der Welt zugeht und was wir vernünftigerweise von anderen erwarten dürfen. Vor allem aber fehlt es uns noch an verlässlichen Kriterien, nach denen wir geeignete Kandidaten von ungeeigneten unterscheiden könnten, und wir haben eigentlich keine Chance zu beurteilen, wie jemand in zwanzig, zehn oder auch nur fünf Jahren sein wird.

Kurzum, wir machen Fehler. Nachdem ich mir in einer Therapiestunde ziemlich lange angehört habe, als was für ein schrecklicher Mensch sich der Partner doch schließlich erwiesen habe, sage ich meistens so etwas wie: »Mir scheint, er hat sich auf eine für Sie unvorhersehbare Weise verändert.« Die Reaktion ist für gewöhnlich ein herzhaftes »Allerdings!«. Dann sage ich: »Okay, so etwas nennt man Irrtum. Eine der Regeln des Lebens besteht ja darin, dass wir für unsere Fehler in aller Regel zahlen müssen. Das, was Sie jetzt fühlen, ist eben der Preis.«

Diese Wendung des Gesprächs kommt nicht immer gut an. Man lässt sich nicht gern daran erinnern, dass man vor Jahren genau die Person, über die man sich jetzt so lautstark beschwert, unter Tausenden von Kandidaten ausgewählt hat. Sich bewusst zu machen, dass man diese Entscheidung selbst getroffen hat, ist aber der erste Schritt zur Einsicht in die eigene Beteiligung an allem, was sich später in der Beziehung abgespielt hat. Wir alle machen Fehler, die wir uns selbst verzeihen und aus denen wir lernen müssen; aber Fehler bei der Partnerwahl fühlen sich irgendwie schwerwiegender an als die meisten anderen.

Ob wir für die Ehe bereit sind, lässt sich anhand folgender einfacher Frage entscheiden: Kann ich einen anderen Menschen so lieben, wie ich mich selbst liebe? Und woran erkenne ich das? Beobachten wir einfach, wie wir uns in der Gegenwart dieses Menschen verhalten. Können wir mit Überzeugung sagen, dass wir ihn niemals bewusst und absichtlich kränken würden? Damit hängt eine weitere, ebenso wichtige Frage zusammen: Wie fühle ich mich in Gegenwart dieses Menschen? Laufe ich zur Höchstform auf, wenn er bei mir ist?

Danach folgt die Frage, wie es um die Liebesfähigkeit des anderen steht. Was wir vor allem suchen, sind Freundlichkeit und die Fähigkeit, etwas von sich zu geben. Nein, ich rede nicht von Opferbereitschaft. In einer Liebesbeziehung, die diesen Namen verdient, verwischen sich die Grenzen von Geben und Nehmen, die Bedürfnisse und Wünsche des anderen werden so wichtig wie die eigenen.

Halten wir auch fest, dass »Gemeinschaft« in den meisten Ehen eher etwas von einem Geschäftsverhältnis hat, in dem unsere Bereitschaft zu geben davon abhängt, wie viel wir unserer Einschätzung nach vom anderen bekommen. Solche Kalkulationen verlangen natürlich ziemlich viel Buchführung: Ich habe den letzten Einkauf gemacht, jetzt bist du dran. Eine solche Gemütslage weist darauf hin, dass es in der Beziehung nicht zum Besten steht.

Das gilt auch, wenn Häufigkeit und Methodik des sexuellen Austauschs immer wieder zum Zankapfel werden. Für dies und alle anderen Bereiche menschlichen Miteinanders gilt die Grundregel: Uns steht so viel zu, wie wir zu geben bereit sind.

Die gängige Ehelehre besagt, dass jede intime Beziehung Schwerstarbeit ist und endlose Kompromissbereitschaft verlangt. Ich hatte schon immer das Gefühl, dass diese Weisheit eher eine Zustandsbeschreibung der Ehe des Verbreiters der Platitude ist. Als Zielvorgabe für Paare ist sie jedenfalls nicht tauglich. Auf die Gefahr hin, hoffnungslos romantisch und unrealistisch zu erscheinen, halte ich dagegen, dass eine gute Ehe nicht schwierig ist, wenn die Beteiligten ihre Wahl wach und bewusst getroffen haben. Wenn wir uns für jemanden entscheiden, der über einen schönen Vorrat an Freundlichkeit verfügt und uns wirklich von Herzen in den Mittelpunkt seines Lebens stellen möchte, *und* wenn auch wir selbst diese Tugenden in ausreichendem Maße entwickelt haben, können wir die Schwerstarbeits-theorie der Ehewissenschaft getrost zu den Akten le-gen, Hacke und Schaufel im Schuppen lassen und uns an den unerschöpflichen Freuden einer immer wieder neuen Liebe gütlich tun.

5

WUT FÄLLT LEICHTER ALS TRAURIGKEIT

In der Populärpsychologie gilt es als ausgemachte Tatsache, dass man seinem Ärger überall und jederzeit, vor allem aber in der Therapie Luft machen soll. Wir möchten doch nicht, dass jemand seine Gefühle unterdrückt, oder? Jeder weiß, wie wenig das bringt, ja, wie ungesund es sein kann. Also, drückt dich was? Nur raus damit. Böse auf jemanden? Mach es ihm klar. Wenn es ihm nicht passt, ist das *sein* Problem.

Besonders gilt das für die Paartherapie. Die Leute kommen mit der Vorstellung, sie müssten nur den in vielen schlechten Ehen unterschwellig grassierenden Ärger zum Ausdruck bringen, das werde die Luft dann schon »reinigen« und den Weg zur Versöhnung ebnen. Leider falsch. Ärger erzeugt nur weiteren Ärger. Wer kann auf einen Angriff schon gefasst und mit klarem Kopf reagieren? Wenn ich mir ein Bild zu machen versuche, wie diese Leute normalerweise miteinander (und vielfach auch mit ihren Kindern) umgehen, höre ich immer wieder von den gleichen Konflikten, bei denen sich alle Beteiligten ständig meinen verteidigen zu müssen (und wir wissen ja alle, dass Angriff die beste Verteidigung ist).

Meist beginnt der Kampf mit irgendeiner kritischen Äußerung.

Mich erstaunt immer wieder, wie selbstverständlich die meisten Menschen davon ausgehen, dass man im Zusammenleben mal Zielscheibe kritischer Bemerkungen ist, mal selbst welche austeilt. »Immer lässt er sein schmutziges Geschirr stehen.« »Sie denkt nie an den Ölwechsel.« »Die Kinder lassen ihren Kram einfach überall im Haus herumliegen.« Wer an so etwas Anstoß nimmt, macht gleich und für gewöhnlich sehr ärgerlich darauf aufmerksam, wobei gern Vokabeln wie »immer« und »nie« zum Einsatz kommen.

Ich frage dann: »Was für ein Leben wäre es für Sie, wenn keiner den anderen kritisieren oder ihm Vorschriften machen würde?« Die Frage erzeugt unweigerlich ratlose Blicke, als hätte ich gerade dazu aufgefordert, das Atmen einzustellen oder sich nie wieder die Zähne zu putzen. Du lieber Himmel, wovon redet der? Wenn ich die Leute nicht mehr auf ihre Fehler und Rücksichtslosigkeiten aufmerksam mache, stehe ich ja völlig wehrlos da. Das Geschirr türmt sich bis unter die Decke, Ölwechsel gibt es überhaupt nicht mehr und das Haus wird eine einzige Mülldeponie.

Meiner Erfahrung nach sieht es so aus: Wenn man sich darauf einigt, dass sich alle mit Kritik zurückhalten, ändert sich die Gefühlslage im Haus. Dann geht es in der Beziehung nicht mehr vorrangig darum, die Fehltritte des anderen säuberlich zu verzeichnen, sondern sie wird ein Gemeinschaftsunternehmen, in dem alle Beteiligten auf das notwendige Mindestmaß von Ordnung achten, sodass man die Dinge nicht unnötig suchen muss und das Haus für Gäste präsentabel bleibt. Was dann wegfällt, sind die passiv-aggressiven Verhaltensweisen, die typischen Abwehrmechanismen von Menschen, die sich machtlos und benachteiligt fühlen. Freundlichkeit führt zu Freundlichkeit.

Das klingt natürlich viel einfacher, als es in der Praxis ist. Da setzt sich die Macht der Gewohnheit durch. Die meisten Kinder werden mittels »Disziplin« und Kritik erzogen. (Oder man lässt ihnen alles durchgehen, sodass sie nie lernen, was es heißt, Verantwortung zu übernehmen.) Dabei wird offenbar unterstellt, dass von Kindern nur Eigensinn und Unordnung zu erwarten ist, wenn man sie nicht ordentlich hernimmt. Wie oft sagen Eltern über ihre Sprösslinge: »Er hört einfach nicht zu!« oder »Ich kann es ihr noch so oft sagen, sie begreift anscheinend nicht, wie wichtig Schularbeiten und gute Noten sind.«

So werden Kritik und Ärger zum normalen Beziehungsmuster zwischen Menschen, die sich besonders nahe stehen. Wenn sie dann zu mir kommen, haben sie oft das Gefühl, an ihrem Umgang mit anderen sei etwas nicht ganz in Ordnung. Die Veränderung der Muster steht allerdings auf einem ganz anderen Blatt. In nicht funktionierenden Beziehungen spüre ich auf beiden Seiten immer große Traurigkeit. Dieser Mensch, den wir doch für alle Zeiten lieben wollten, geht uns jetzt ordentlich auf die Nerven. (Wenn wir seiner überdrüssig werden, ist das noch schlimmer, aber bleiben wir für den Moment bei der Verärgerung.) Hinter den Machtkämpfen und Feindseligkeiten, in denen sich unsere Unzufriedenheit ausdrückt, verbirgt sich also eine tiefe Traurigkeit über enttäuschte Erwartungen. So hatten wir uns das alles nicht vorgestellt.

Ob es wohl je eine Zeit gab, in der zu wenig Ärger bekundet wurde? Wenn ja, muss sie schon ziemlich lange vorbei sein. Amerika befindet sich im Kriegszustand, die Aggressionen im Straßenverkehr haben besorgniserregende Ausmaße angenommen, die Unterhaltungsindustrie überschüttet uns mit wahren Fluten von Gewaltdarstellungen, und wir begeistern uns für Sportarten, bei denen Autounfälle und K.-o.-Schläge an der Tagesordnung sind. Die Geschichte unseres Landes, ja die Geschichte der Welt erzählt von endlosen Konflikten, nicht zuletzt über die Frage, welche Gottheit anzubeten sei. In dieser Gesellschaft gibt es mehr Schusswaffen als Menschen.

Mir scheint, dass sich hinter dem sichtbaren Zorn (zu dem oft auch noch ermuntert wird) zwei andere Gefühle verbergen, die nicht so leicht zu zeigen sind, nämlich Angst und Unglücklichsein. So verbreitet und menschlich diese Regungen sind, sie gelten als Schwächen und sind über längere Zeit schwer auszuhalten. Wir entledigen uns ihrer gern durch Wut und Schuldzuweisungen. Finden wir ein Ziel, können wir uns der Empörung hingeben und jemand anderen für unser Elend verantwortlich machen. Dann sind wir Opfer. Als Opfer steht uns allerlei zu, vor allem die Gewissheit, dass nicht wir an den unerfreulichen Ereignissen schuld sind. Wir erhalten das verbriefte Recht, uns zu beklagen (und vielfach wird uns dafür auch noch eine öffentliche Plattform gestellt). Ich weiß noch, wie es war, als ich eines Tages herausfand, dass ich adoptiert wurde. Damals war ich schon erwachsen, und diese schockierende Enthüllung brachte nicht nur ein Identitätschaos und beunruhigende Gedanken mit sich, sondern auch ein perverses Vergnügen an der Erkenntnis, dass ich, der ich mich so lange als Angehöriger einer privilegierten Schicht gefühlt hatte, jetzt plötzlich zur geschädigten Minderheit der Adoptierten gehörte. Ich begann öffentlich gegen die Gesetze zu wettern, die einem das Auffinden der leiblichen Eltern erschweren, ja nicht einmal Einblick in die medizinische Vorgeschichte der Blutsverwandten gewähren; ich versuchte (erfolglos), eine entsprechende Änderung der Gesetze zu erwirken, und tobte, wenn Zeitungen, die darüber berichteten, von »Adoptivkindern« sprachen. Ich war ja so wütend. Schließlich war ich des Kämpfens müde und tat, was viele andere vor und nach mir auch getan haben: Ich fing auf eigene Faust an, meine Mutter zu suchen, und fand sie. Vielleicht, dachte ich später, haben die Schwierigkeiten dieses langen Weges die Wiederbegegnung für uns beide nur umso schöner gemacht. Sie wusste, was ich auf mich genommen hatte, um sie zu finden, und mir gab die Suche Gelegenheit, mir nicht nur Klarheit darüber zu verschaffen, weshalb ich sie eigentlich suchte, sondern auch mit der Traurigkeit darüber fertig zu werden, dass ich seinerzeit verlassen wurde. Ich will aber nicht leugnen, dass ich das Gefühl, zu einer unterdrückten Minderheit zu gehören, genoss – eine Zeit lang zumindest.

Wenn Sie sich also wieder einmal über etwas empören, vor allem wenn Ihr Zorn jemandem gilt, dem Sie eigentlich gern näher wären, dann fragen Sie sich doch einmal, ob dahinter nicht etwas anderes stecken könnte, ein Gefühl von Verlust oder Machtlosigkeit. Daran muss sich die Frage anschließen, ob *Sie* nicht etwas tun könnten, was die Sache in ein anderes Fahrwasser bringt. Wenn Sie die Menschen in Ihrer Umgebung nicht ändern können, dann gönnen Sie sich doch wenigstens das Vergnügen, sie zu überraschen.

6

Taten sagen mehr als Worte

Ich befand mich im vorderen Kommandoposten des Regiments, als das Funkgerät mich unter Rauschen und Knacken wissen ließ, dass der Kommandohubschrauber der Luftwaffe mit einem Verwundeten an Bord zum Lazarett unterwegs war. Ich sprang in meinen Jeep und war zehn Minuten später in Long Binh, als der Helikopter gerade aufsetzte. Zwei Sanitäter standen mit einer Bahre bereit und ich half ihnen, den Bordschützen auf das fahrbare Notbett zu heben. Er hatte einen Bauchschuss und flüsterte, er könne die Beine nicht mehr bewegen.

Die Sanitäter schnallten ihn eilig fest und rollten ihn im Laufschritt zur Aufnahme. Ich wollte ihnen schon nach, sah mich aber noch einmal nach der Maschine um. Kurlands Blick war auf mich gerichtet und ich las eine Frage in seinen Augen. Ich wusste, dass Heyser, der Verwundete, in ein paar Minuten unter dem Messer sein würde und ich eigentlich nichts mehr für ihn tun konnte. Also ging ich zurück zum Hubschrauber, kletterte hinein, wobei ich fast in der Blutlache ausgerutscht wäre, und nahm meinen Platz ein, während Kurland die

Maschine abrupt hochzog. Ich stöpselte die Sprechanlage ein und hörte, was er der Leitstelle durchgab: »Ich brauche einen Bordschützen, und zwar JETZT. Ankunft in circa drei Minuten.«

Wir setzten in einem wahren Staubsturm auf und schon kam ein junger Soldat auf uns zugerannt, den Helm noch in der Hand. Er sprang an Bord und erbleichte, als er das Blut auf dem Sitz am Maschinengewehr sah. Dann nahm er den Platz ein, schnallte sich an und überprüfte die Waffe. Schon waren wir wieder in der Luft und hielten auf die Stelle des Feindkontakts zu. Kurland forderte von einem der Aufklärungshubschrauber vor Ort einen Lagebericht an.

»Wir sind nicht mehr unter Beschuss«, kam die Antwort. »Die meisten haben sich anscheinend verzogen. Zwei Gooks sind noch zu sehen, im offenen Gelände.«

»Was machen sie?«

»Sitzen einfach da, unter einem Baum.«

»Okay, sind in fünf Minuten da.«

Die Hügelkuppe, auf der wir unter Beschuss geraten waren, sah wüst aus, zersplitterte Bäume, Granatentrichter – anscheinend hatte die Luftwaffe mal vorbeigeschaut. Wir kamen ganz niedrig herein und sahen zwei Aufklärungshubschrauber wie Libellen kreisen, darüber zwei Kampfhubschrauber vom Typ Cobra. Kurland nahm Geschwindigkeit zurück und tatsächlich, da saßen mitten in dieser Mondlandschaft zwei schwarze Gestalten, an einen Baumstamm gelehnt. Von Waffen war nichts zu sehen, und als wir vorbeiflogen, drehten sich ihre Köpfe mit. Kurland gab Befehl, die beiden zu erschießen. »Roger«, kam von einem der Kampfhubschrauber zurück, die sich sofort in Schussposition brachten.

»Warte mal, Frank«, sagte ich. »Die kämpfen doch gar nicht mehr, wir könnten sie genauso gut aufnehmen.« Im gleichen Augenblick hämmerte eine Maschinenpistole los und die beiden Männer verschwanden in einer Staubwolke.

»Da waren Sie wohl zu spät, Doc.«

»Sehen wir doch nach«, gab ich zurück. Ich wusste, dass er auf diese Herausforderung seines Flugarztes eingehen würde.

Er gab die nächste Anweisung durch: »Feuer einstellen und Deckung geben. Wir nehmen die beiden mit.«

Am Fuß des Hügels fanden wir eine kleine Lichtung, kaum groß genug für die Landung eines Hubschraubers. Und der Start würde noch schwieriger werden, vor allem wegen des zusätzlichen Gewichts. Der Kopilot blieb bei der auf niedrigen Touren weiterlaufenden Maschine, während Kurland, ich und der arme Bordschütze, der vor einer halben Stunde noch friedlich beim Essen gesessen hatte, uns auf den Weg hügelaufwärts machten.

Unten mussten wir uns durch dichtes Gehölz schlagen, und erst oben auf der nach unserem Angriff nackten Hügelkuppe hörten wir die Schüsse von Heckenschützen über uns vorbeipeitschen. Es war nicht auszumachen, woher das Feuer kam, und wir hatten keine Verbindung zu den hoch oben kreisenden Kampfhubschraubern. Kurland und der Bordschütze hatten halbautomatische Gewehre, ich meine Erste-Hilfe-Tasche und einen gut einstudierten vietnamesischen Satz, den ich im Fall einer Gefangennahme anzubringen gedachte: »Toi la bac-si.« Ob es wohl irgendeinen Vietcong interessieren würde, dass ich Arzt war? Ich bezweifelte es.

Als wir uns den beiden Gestalten unter dem Baum näherten, staunte ich nicht schlecht, als einer der beiden uns winkte. Der Bordschütze erschrak dermaßen, dass er feuerte, allerdings weit daneben. »Schon gut, schon gut«, sagte ich. »Sehen die wirklich aus, als wollten sie uns angreifen?« Im Näherkommen sahen wir, dass einer der beiden in den Oberschenkel getroffen worden war. Der andere hatte erstaunlicherweise gar nichts abbekommen und blickte uns mit steinerner Miene entgegen, als erwartete er, exekutiert zu werden. Der Verwundete sah die Lage optimistischer und deutete mit einer Gebärde an, dass er Durst hatte. Ich reichte ihm meine Feldflasche und er bediente sich dankbar.

»Sehen wir zu, dass wir hier wegkommen«, knurrte Kurland und bedeutete dem unverletzten Vietcong, er solle aufstehen, während ich den anderen schnell verarztete und dann auf die Füße hob. Dabei langte er nach einer hinter ihm liegenden Stofftasche. Ich sah mir den Inhalt an – lauter Medikamente, Verbandmaterial und Notizbücher. Er war anscheinend für die medizinische

Versorgung seines Trupps zuständig. Wir kämpften uns langsam den Hügel hinunter, durch den nervösen Bordschützen nach hinten gesichert. Der verwundete Vietcong lehnte sich schwer an mich, ließ aber keine Anzeichen von Schmerz erkennen; er lächelte sogar, wenn ich ihn anschaute, als hätten wir uns aufgrund einer Verabredung auf diesem gottverdammten Hügel getroffen. Wir erreichten den wartenden Helikopter und hoben ab. Der Hauptrotor schlug ein paar Äste ab und für einen Augenblick sah es so aus, als würden wir Feuer fangen. Unsere Gefangenen machten den Eindruck, dass sie das erste Mal in einem Hubschrauber saßen. Wir landeten beim Kommandoposten des Regiments, wo ich mich mit den Leuten vom Nachrichtendienst herumstritt, die den Verwundeten nicht gleich ausfliegen lassen, sondern vorher verhören wollten. Ich zog wie immer den Kürzeren. Bevor sie ihn wegschleppten, lächelte er mir noch einmal zu und gab mir seinen Medizinbeutel. Seine Notizbücher habe ich heute noch. Ich fand darin ganz ausgezeichnete anatomische Zeichnungen zum Beispiel des Gehirns und des Kreislaufsystems. Ich hoffe, er hat den Krieg überlebt. Sollte er diese Geschichte lesen, würde ich mir wünschen, dass er sich meldet, damit ich ihm seine Zeichnungen zurückgeben kann.

7

WER SICH AUFSPART, KANN SICH NICHT EINBRINGEN

Ich frage meine Patienten gern: »Wofür sparen Sie sich auf?« Die meiste Zeit schont man seine Energien, als warte man darauf, dass von außen etwas kommt, was einen aktiv werden lässt. Manchmal habe ich den Eindruck, die Leute warten auf die Wiederkunft des Messias. Ich habe schon immer gedacht, dass es Leute, die sich der Entrückung nahe fühlen, eigentlich ziemlich gut haben. Nicht nur, weil sie erlöst werden, während wir Übrigen uns weiter mit der Drangsal des Lebens herumschlagen müssen, sondern weil sie so gute Gründe für ihr untätiges Abwarten haben, in dem sie überwiegend lobpreisen und anbeten und sich darauf einstellen, direkt in den Himmel versetzt zu werden.

Wenn einem solche trostreichen Überzeugungen nicht zu Gebote stehen, muss man sich andere Ausreden für sein Untätigsein einfallen lassen. Was manchen nicht schwerfällt. Passivität ist der Feind jeglichen Fortschritts in der Therapie. Die medizinische Standardprozedur – der Arzt gibt Anweisungen und verordnet Medikamente – wirkt keineswegs selbsttätig, wenn es darum geht, dass der Patient etwas in seinem Leben verändert. Herauszufinden, inwiefern unsere Vorstellungen von den Abläufen in dieser Welt falsch, weil von Wunschdenken geprägt sind, und dann auf Veränderungen hinzuarbeiten, kostet wie jede Umerziehung Zeit. Es ist auch nicht immer ein Zuckerschlecken, wenn wir uns nach und nach der Ereignisse und Einflüsse bewusst werden, die uns zu dem gemacht haben, was wir sind; insbesondere dann nicht, wenn wir erkennen müssen, dass wir aufgrund eigener Trägheit und Gewohnheit nicht so sein können, wie wir gern wären.

Nachdem ich einige meiner Gedanken über die Bedingungen des Menschseins in meinem ersten Buch veröffentlicht hatte, erhielt ich etliche Anrufe, zum Teil auch von Leuten, die sehr weit entfernt wohnten. Es ging um Konsultationstermine. Sie hatten das Buch aufschlussreich und unterhaltsam gefunden und setzten große Hoffnungen in mich. Einer sagte sogar: »Ich war schon bei vielen Therapeuten; Sie sind jetzt mein letzter Strohhalm.« Ich fühlte mich geschmeichelt und hoffte wirklich, diesen Menschen zu neuen, transformierenden Erfahrungen verhelfen zu können. Tatsächlich waren die meisten dann enttäuscht und brachen die Behandlung nach wenigen Sitzungen wieder ab. Ich hätte sie erlösen sollen und wurde dieser Erwartung nicht gerecht.

Das erinnert mich an John Updike, der berichtet, wie enttäuscht er in jüngeren Jahren meistens war, wenn er einen Schriftsteller, den er bewundert hatte, persönlich kennenlernte. Entweder trank er oder erwies sich als aufgeblasener Schaumschläger, jedenfalls hatte keiner von ihnen auch nur das Geringste von dem faszinierenden und inspirierenden Künstler, auf den er sich eingestellt hatte. Als er dann selbst ein Schriftsteller war, dessen Bekanntschaft man suchte, sah er die gleiche Enttäuschung in den Augen derer, die eigentlich gekommen waren, um zu ihm aufzublicken. Er wusste einfach nicht, woher er genügend Esprit und Tiefgang nehmen sollte, um den übertriebenen Erwartungen der Bewunderer seiner Werke gerecht werden zu können.

Jeder, der außerhalb seiner selbst nach Anleitung zur Veränderung seines Lebens sucht, muss mit solchen Enttäuschungen rechnen. Für uns alle liegt die Herausforderung darin, unser eigenes beträchtliches Veränderungspotenzial zu mobilisieren, zu einem genaueren Verständnis unserer Ziel- und Wegvorstellungen zu kommen und uns eben *nicht* einzubilden, die Einschätzungen und Ratschläge anderer könnten uns retten.

Im Allgemeinen sind wir erst zu Veränderungen zu bewegen, wenn wir den Status quo als unangenehm genug empfinden. Erst dann geht uns allmählich auf, dass das Leben keine Vorbereitung auf das »Eigentliche« ist. Wie viel Zeit uns bleibt, wissen wir nicht, nur dass diese Zeit auf jeden Fall begrenzt ist. Tagtäglich sterben Menschen jeder Altersstufe und meist bleibt eine Menge Unerledigtes zurück.

Wir alle tragen irgendwelche Vorstellungen von dem Leben, das wir gern hätten, mit uns herum. Die Bilder des Erfolgs, mit denen wir bombardiert werden, sind nicht nur oberflächlich, sondern auch noch unrealistisch. Beharrlichkeit und Entschlossenheit werden beileibe nicht so bewundert, wie sie es verdient hätten. Eine Konsumgesellschaft applaudiert eher der schnellen Lösung, dem Medikament, das die Symptome beseitigt, der Verdrängung des Alten durch etwas Neues, dem Triumph der Form über den Inhalt. Solche Botschaften umgeben uns wie die Luft, die wir atmen, und verschleiern immer mehr, wo das Glück denn nun eigentlich liegt.

Ich frage gern: »Sie scheinen sich schwer entscheiden zu können, auch einmal etwas Neues auszuprobieren. Meinen Sie, Sie seien zu schwach dafür?« Die Aussicht auf Veränderung löst fast immer Ängste aus und so ist es nur natürlich, dass man sich dagegen sperrt. Da werden dann die immer griffbereiten Alltagsweisheiten bemüht: »Immer mit der Ruhe« oder »Nur kein Stress« oder »Kommt Zeit, kommt Rat«. Kein Wunder, dass Ängste als etwas Unnormales gesehen werden, das es zu vermeiden gilt. Zudem steht eine gewaltige pharmazeutische Industrie dahinter, die uns glauben machen will, niemand müsse seine Ängste länger aushalten, als es dauert, eine Pille zu schlucken. Dieser verführerische Gedanke hat viel dazu beigetragen, menschliches Leid immer mehr als rein medizinisches Problem zu sehen. Vor einiger Zeit kam ein Patient in meine Praxis, der sich als Veteran der Psychiatrie zu erkennen gab und

Unmengen Medikamente konsumierte. Zu seinen Problemen gehörten Angst, Depression, Aufmerksamkeitsstörung, Schlaflosigkeit, Atemstillstände im Schlaf und Narkolepsie (kurzzeitige Schlafanfälle tagsüber). Selbstverständlich nahm er Antidepressiva und Angst unterdrückende Mittel ein. Außerdem bekam er wegen seiner Aufmerksamkeitsstörung Methamphetamin. Schlafmittel nahm er auch. Er hatte sich gegen sein Schnarchen operieren lassen und war nachts für den Fall eines Atemstillstands an ein Gerät angeschlossen. Psychotherapie reizte ihn nicht sonderlich. Es war ja alles medikamentös abgedeckt.

Irgendwo in all diesem Pillenwahn, der ja nicht nur von den Herstellern, sondern leider auch vom wachsenden Kostendruck im Gesundheitswesen geschürt wird, ist uns ein Gutteil der Fähigkeit, die Verantwortung zu übernehmen und mit den unvermeidlichen Stimmungsschwankungen des Lebens selbst zurechtzukommen, verloren gegangen.

Ich bestreite nicht, dass Medikamente in vielen Fällen eine wertvolle Hilfe sein können: bei Schizophrenie, bei bipolarer Störung und klinischen Depressionen. Auch medikamentöse Überbrückungshilfen in schwierigen Lebenssituationen sind zu befürworten: etwa bei situationsbedingten Ängsten, bei Trauer oder posttraumatischem Stress. Wenn aber die Psychiatrie den Menschen gegen ihr psychisches Unbehagen *nur noch* Medikamente anbietet, verzichten wir freiwillig auf etwas für unseren Berufsstand essenziell Wichtiges. *Und* wir geben unseren Patienten damit zu verstehen, dass das passive Hinnehmen einer solchen »Behandlung« dem anerkannten medizinischen Verfahren entspricht.

Ich fordere die Leute lieber auf, ihrer Passivität abzuschwören, nicht länger auf Antworten von außen zu warten, all ihren Mut und alle Entschlossenheit aufzubringen und selbst herauszufinden, durch welche Veränderungen sie nicht nur anderen näherkommen könnten, sondern auch sich selbst: dem Menschen, der sie gern wären.

8

WENN DU ETWAS
ZU SAGEN HAST,
SAG ES JETZT

Anlässlich ihres Highschool-Abschlusses habe ich meiner jüngsten Tochter einen Brief geschrieben:

Liebe Emily,

dir steht jetzt eine, wie ich es mal nennen möchte, »Saure-Gurken-Zeit« bevor: lauter vergessenswerte Festreden, in denen ihr jungen Leute zum Streben nach hehren Zielen aufgerufen werdet. Das klingt zwar nicht schlecht, aber ich würde mir wünschen, dass einer dieser Redner einmal konkret die Vorzüge echten Könnens preist. In einer Welt, in der dürftige Leistungen zum Alltag geworden sind, wäre ich persönlich schon zufrieden, wenn jeder seine Sache so gut beherrschen würde, dass er anderen Menschen nicht unnötig viele Umstände macht (oder sie sogar in Gefahr bringt).

Das Hohelied der Mittelmäßigkeit wird ja überall gesungen: Leute, die kaum einen Ton halten können, werden uns als Musiker präsentiert, schreibende Stümper als Autoren und hirnlose Politiker von zweifelhafter Moral sind unsere Führungspersönlichkeiten. Diese Abwärtstendenz, noch geschürt durch blinden Prominentenkult, erzeugt nicht nur Zynismus und Geschmacksverirrung, sondern lässt uns auch kaum noch erkennen, wer wirklich Anerkennenswertes leistet. Wenn wir uns mit Schrumpfhelden begnügen, schrumpft auch unser Gefühl für großen Wagemut und große Leistung. Das ist einer der Gründe für meine Sportbegeisterung. Im Profisport fließen zwar Geldsummen, die man nur noch als obszön bezeichnen kann, und mit den menschlichen Werten ist es oft auch nicht weit her, aber immerhin bekommen wir dabei echtes Können und manchmal sogar Großartiges zu sehen.

Ich bin, wie du weißt, ein Bewunderer Charles Lindberghs. Dass er es 1927 wagte, in einer einmotorigen Maschine zur Atlantiküberquerung anzusetzen, beweist großen Mut, aber was mich wirklich beeindruckt, ist der Umstand, dass er seinen anvisierten Zielpunkt an der Küste Irlands nach diesem langen Flug über nichts als Wasser nur um drei Meilen verfehlte. Dabei mag auch eine Portion Glück im Spiel gewesen sein, aber ich sehe darin vor allem eine grandiose navigatorische Leistung. Wenn wir alle so gut arbeiten würden, würde in der Welt vieles glatter laufen. Seinen späteren Schlenker in den Antisemitismus hat er im Alter durch sein Engagement für die Umwelt wiedergutgemacht. Er wurde in Würde alt.

Du und ich, wir halten beide viel von gesunder Skepsis und lassen keine Autorität ungeprüft gelten. Überall, wo es ums Überleben geht – im Rettungsboot, orientierungslos in der Wildnis oder im Gefecht –, erweist sich, dass wahre Autorität nicht von ungefähr kommt, sondern auf Wissen beruht.

Dieser Brief ist also ein Loblied auf die Kompetenz. Nur wenigen ist es gegeben, sich weithin sichtbar hervorzutun. Jeder aber kann sich zu Durchhaltevermögen erziehen, die gewählte Arbeit verrichten und sich um die eigene Person und die von ihm abhängigen Menschen kümmern.

Auch Humor gehört zu den Dingen, die mir sehr am Herzen liegen, aber dieses Thema muss ich eigentlich gar nicht anschneiden, weil deine Fähigkeit, zu lachen und andere zum Lachen zu bringen, ohnehin schon gut entwickelt ist.

Manchen Abend haben deine Mutter und ich uns zugelächelt, wenn wir dich in deinem Zimmer telefonieren hörten und die Gespräche immer wieder von mitreißendem Lachen unterbrochen wurden. Vieles wird mir fehlen, wenn du einmal nicht mehr hier bist, aber dies ganz besonders. Manchmal, wenn mir selbst der Mut sank, habe ich mich an deinem Optimismus und deiner Lebensfreude wieder aufgerichtet.

Jemand hat einmal gesagt: »Nicht du hast Humor, sondern der Humor hat dich.« Da ist etwas dran, finde ich. Ich habe erlebt, wie sich Menschen in wirklich verzweifelter Lage lachend über ihre Ängste erhoben. Erinnerst du dich noch an die fiktive Schlagzeile nach dem 11. September, über die wir so gelacht haben? »Hohe Quadragon-Beamte sehen Amerika stärker denn je.«

Es gibt nichts, was sich nicht auf die Schippe nehmen ließe. (Lies gelegentlich einmal Jonathan Swifts Satire *A Modest Proposal*, in der er den Verzehr von Kleinkindern vorschlägt, um den Problemen der Überbevölkerung, Armut und Kriminalität zu begegnen.) Ich mache mich, wie du weißt, gern über allzu ernste Leute und Dinge lustig. Der Tod zum Beispiel macht die Bedeutung, aber auch die tiefe Absurdität des Lebens aus. Unsere höchsten Ideale, stärksten Leidenschaften und ängstlich gehegten Träume werden am Ende alle zu Staub. Sie ernst nehmen und doch über ihre (und unsere) Vergänglichkeit lachen zu können ist für mich ein Kennzeichen von Mut. Eine weitere Form des Humors, die ich sehr schätze, ist das Umkehren der Dinge. Mein Lieblingsbeispiel stammt von einem der radikalsten und schillerndsten politischen Aktivisten der sechziger Jahre, Abbie Hoffman: »Was die Redefreiheit angeht, lautet die eigentliche Frage ja nicht, ob es legitim ist, in einem voll besetzten Theater ›Feuer!‹ zu schreien, sondern ob man an einem voll besetzten Feuer ›Theater!‹ schreien darf.«

Jemand hat den Menschen einmal »das lachende Tier« genannt. Vielleicht zeigt auch das nur unsere Überheblichkeit. (Es könnte ja sein, dass Hunde über *uns* lachen und wir den Witz einfach nicht verstehen.) Aber einmalig sind wir unter allen Kreaturen dieser Erde wohl insofern, als wir um unsere Sterblichkeit wissen und selbst entscheiden können, wie ernst wir uns nehmen wollen.

Es gibt viele schöne Eigenschaften körperlicher, intellektueller, mitmenschlicher und spiritueller Art – jede für sich staunens- und bewundernswert. Aber mit unvermeidlichen Verlusten fertig zu werden, sich dem Leben in seiner ganzen chaotischen Absurdität zu stellen und sich doch die Freude, das Lachen und den Glauben an den Sinn all unserer Kämpfe zu bewahren, das ist das Beste.

In Liebe
dein Papa

9

UNSERE ÄNGSTE
VERRATEN,
WER WIR SIND

Angst führt uns selten zu einem Verhalten, das etwas bringt. Es sieht zwar ganz so aus, als liege bei Menschen mit schweren Angststörungen vielfach eine genetische Disposition vor, was aber auch stimmt, ist, dass Angst erlernt werden kann. Kinder ängstlicher Eltern entwickeln oft selbst irrationale Ängste. Flugangst, Angst vor engen Räumen, beim Überqueren von Brücken, ja selbst beim Autofahren sind unter Erwachsenen erstaunlich weit verbreitet. Manchmal liegt gleich unter der Oberfläche einer konkreten Phobie das überwältigende Gefühl einer grundsätzlichen Bedrohlichkeit dieser Welt.

Im Gespräch mit den Eltern eines ängstlichen Teenagers erkundigte ich mich einmal, ob noch jemand in der Familie unter irrationalen Ängsten litt. Die Mutter sagte: »Nein. Wir lassen nur kluge Vorsicht walten, indem wir beispielsweise bei Gewitter nicht duschen.« Als ich nachfragte, ob sie schon einmal gehört habe, dass jemand in der Dusche vom Blitz erschlagen worden sei, erwiderte sie: »Nein, aber es könnte doch passieren.« Von dieser Denkweise leben alle Lotteriebetreiber. Und wer sich um Dinge sorgt, die nie eintreten werden, gibt diese Haltung oft an die nächste Generation weiter.

In dieser an Risiken reichen Welt tun wir gut daran, unseren Kindern eine realistische Einschätzung möglicher Gefährdungen zu vermitteln. Wenn wir sie dazu überreden können, den Sicherheitsgurt anzulegen, auf dem Fahrrad einen Schutzhelm zu tragen, nicht zu rauchen, übermäßig zu trinken, mit Schusswaffen herumzuspielen oder waghalsig Auto zu fahren, sind sie schon gegen die größten Bedrohungen ihres körperlichen Wohlergehens gewappnet. Und wenn wir richtig gute Eltern sein wollen, verlieren wir dann vielleicht noch ein paar Worte über Leute, die einem nur das Herz brechen – und darüber, woran man sie erkennen kann.

Mut definiert sich als die Bereitschaft, den eigenen Ängsten zu begegnen. Für eine Gesellschaft, die es liebt, ihre Helden zu feiern, erinnern die Reaktionen der Menschen in den Vereinigten Staaten stark an die Symptomatik der Angststörung. Unmittelbar nach dem 11. September wurde in New York ein neues Geschäft eröffnet, das so sinnreiche Dinge wie Schutzanzüge, Wasseraufbereiter, Antibiotika und Fallschirme für den Sprung aus Hochhausfenstern feilbot. Es wurde wieder geschlossen, als unsere panikartige Angst vor Terroranschlägen in chronisches, aber nicht mehr ganz so kopfloses Unbehagen überging, aber dass es überhaupt existierte, ist beredtes Zeugnis der Macht unserer Ängste.

Den Medien, insbesondere den rund um die Uhr aus-
strahlenden Nachrichtensendern, kommt, was das Schü-
ren von Ängsten angeht, einige Mitverantwortung zu.
Wie viel Angst wir haben, hängt unter anderem davon
ab, worauf wir unsere Aufmerksamkeit richten. Manchmal sieht es so aus, als wäre den Medien vor allem daran gelegen, uns ordentlich einzuheizen. Vielleicht wollen sie uns nur aufhorchen lassen, jedenfalls sind viele
Berichte so aufgemacht, dass sie eher beunruhigen als
informieren.

Ein sehr feines Barometer unserer Ängste sind die Ver-
kaufszahlen von Waffen. Nach dem 11. September
schnellten sie landesweit in die Höhe. Und der Gedanke, sich mit Handfeuerwaffen vor Terroranschlägen schützen zu wollen, ist nicht einmal der Gipfel
des Wahnwitzes. Nein, wann immer wir uns bedroht
fühlen, kaufen wir Schusswaffen. Das macht uns zu
Amerikanern.

Die meisten von uns führen ein behütetes, voll klima-
tisiertes Dasein, in dem es vor allem um Risikomini-
mierung geht. Im Gespräch mit angstbesetzten, depri-
mierten Patienten frage ich gern nach dem größten
Risiko, das sie je eingegangen sind. Viele überrascht das.
Der Gedanke, irgendein Wagnis einzugehen, ist ihnen
völlig fremd. Aber es ist keine müßige Frage, denn Depression ist eine »sichere« Position, an der die meisten
sehr hängen, wie elend ihnen auch zumute sein mag.
Die Aufgabe der Psychotherapie besteht zu einem

Großteil darin, den Mut zur Überwindung dieser Trägheit zu mobilisieren.

Hier trifft die alte indianische Weisheit zu, dass es Mut nicht gäbe, wenn wir ewig leben würden. Das Bewusstsein unserer Sterblichkeit zeichnet uns als Menschen aus, es zwingt uns zur Auseinandersetzung mit dem unausweichlichen Verlust unserer selbst und derer, die wir lieben. Es verlangt, dass wir uns angesichts des Mysteriums des Lebens dazu durchringen, so gut und so lange zu leben, wie wir können – furchtlos.

Eltern berichten oft von Ängsten vor Gefahren, denen ihre Kinder ausgesetzt sein könnten und vor denen man sie nicht schützen kann: Drogen in der Schule, Gewalt im Kino, Sex im Fernsehen, Seelenfang per Post oder Internet. Ich frage sie dann, wie sich solche zwanghaften Ängste ihrer Meinung nach auf Kinder auswirken. Jedes Jahr bietet die Polizei in meinem Wohnort zu Halloween einen besonderen Service an: die an die Kinder ausgeteilten Gaben zu röntgen, um die vielleicht doch im Apfel versteckte Rasierklinge zu finden. Was vermitteln wir unseren Kindern damit? Ist das etwa unser Rezept für ein Leben, in dem man sich richtig wohl fühlt? Wie seltsam in dieser angeblich so ganz auf Kinder ausgerichteten Gesellschaft, dass wir nicht merken, wie sehr unser unsinniges Streben nach vollkommener Sicherheit das Virus der Angst verbreitet.

Wenn wir Patriotismus zur Schau tragen und das Loblied derer singen, die wir zu unseren Helden erkoren haben, hat das etwas von stellvertretender Tapferkeit. Offenbar spornt uns der Kniefall vor den Mutigen jedoch nicht zur Nachahmung an, sondern dient lediglich dazu, uns ein gutes Gefühl zu geben, ohne dass wir mehr dafür tun müssten, als den Kopf zu neigen und eine Fahne zu schwenken. Besonders deutlich wird das während Feierlichkeiten, bei denen Führungspersönlichkeiten zu besichtigen sind, die am Kriegsgeschehen ihrer Generation zwar nicht selbst teilgenommen haben, aber in feierlichen Worten derer gedenken, die den Mut (und das Pech) hatten, für uns alle zu sterben. Wir zollen den Opfern Hochachtung – aber nicht in dem Gedanken, dass dergleichen je von uns verlangt sein könnte.

Es scheint wie ein Wunder, dass es überhaupt möglich ist, der Unsicherheit des Lebens standzuhalten, ohne in Angst und Depression zu versinken. Dass es den meisten von uns gelingt, ist ein Beispiel für »konstruktives Ausblenden« und wohl auch der Niederschlag des Wissens, dass Angst die Lebensfreude erstickt.

Am meisten Schaden dürfte die Angst vor Intimität anrichten. Manch einer ist zu allem bereit, um sich nur ja keinem anderen Menschen rückhaltlos öffnen und die damit verbundenen Risiken eingehen zu müssen. Viele einsame Menschen, mit denen ich es zu tun habe, reden ständig davon, dass man doch sehr aufpassen müsse, nicht verletzt zu werden. Wer einmal in der Liebe enttäuscht wurde, ist mit dem Projekt, sich keine weiteren Zurückweisungen mehr einzuhandeln, völlig

76

ausgelastet. Oft wird Einsamkeit entblößender Nähe vorgezogen.

Wir haben uns daran gewöhnt, Angst zu haben. Vor der Welle des Terrorismus gab es Killerbienen, Haifischattacken, Grippewellen, Sexualtäter und den nuklearen Weltuntergang. An Bedrohungen oder an Menschen, die uns alles Schlechte wünschten, herrschte nie Mangel. Wir geben Geld für Katastrophenfilme aus. Man könnte sogar die Ansicht vertreten, wir Menschen brauchten Symbole des Bösen, die uns erschrecken, gleichzeitig aber auch zusammenschweißen.

Wir könnten eine Menge von den Bewohnern Israels lernen. Sie leben alle Tage in einer Bedrohung durch terroristische Gewaltakte, die uns lähmen würde (und es vielleicht auch einmal tut). Versuchen Sie einmal die bisherigen Ereignisse hochzurechnen und sich vorzustellen, wie sich ein paar Sprengstoffanschläge in Einkaufszentren oder ein Angriff mit biologischen Kampfstoffen auf das öffentliche Leben auswirken würden. Irgendwie müssen wir uns dazu durchringen, uns nicht länger mit Schreckgespenstern Angst einzujagen, und anfangen, gegen reale Bedrohungen vorzugehen.

Eine Patientin erzählte mir: 2003 besuchte sie ein Konzert des Baltimore Symphony Orchestra. Es wurde gerade das Violinkonzert von Brahms gespielt, als plötzlich die Lichter ausgingen. In der pechschwarzen Dunkelheit kam ihr als Erstes der Gedanke an einen Terroranschlag und viele andere im Publikum werden wohl auch so gedacht haben. Sie konnte nicht mehr genau sagen, wie lange es dauerte, bis endlich die schwache Notbeleuchtung anging; vielleicht nur ein paar Sekunden, aber es erschien ihr wie eine Ewigkeit. Das Erstaunliche aber war, dass die Orchestermusiker weiterspielten, und zwar absolut makellos, obwohl sie doch weder den Dirigenten noch ihre Noten sehen konnten. Im Publikum blieb es mucksmäuschenstill, aber der begeisterte Applaus am Ende des Stückes sagte alles.

Wenn es Mut zu zeigen gilt, geht es nur äußerst selten wirklich um Leben und Tod. Aber in all den Wellen der Angst, die über unser Land schwappen, gibt es zahllose Möglichkeiten, gefasst und entschlossen zu bleiben und einander so einen unschätzbar wertvollen Dienst zu erweisen. Unsere Sicht der Dinge und unsere Haltung zu ihnen erzeugen die Atmosphäre, in der wir leben, und entscheiden letztlich – weit mehr als jede militärische Aktion – über den Ausgang der gegenwärtigen Auseinandersetzungen mit dem Terrorismus. Und vielleicht entdecken wir dabei sogar etwas in uns, worauf wir wirklich stolz sein können.

10

STIEFELTERN, ÜBERNEHMT NICHT DIE ELTERNROLLE

All die Scheidungen und Wiederverheiratungen unserer Zeit haben dazu geführt, dass heute viele Menschen die Kinder anderer Leute großziehen. Das läuft nicht immer glatt. Wenn man Kinder aus geschiedenen Ehen befragt, geben die meisten an, ihr größter Wunsch sei es, dass die Eltern wieder zusammenkommen – auch wenn sie wissen, dass die Ehe nicht glücklich war. Man redet sich gern ein, für die Kinder sei es nicht gut, bei Eltern aufzuwachsen, die sich ständig streiten. Die Kinder selbst aber wünschen sich so gut wie ausnahmslos, dass die Eltern zusammenbleiben, und sehnen sich auch dann noch nach einem heilen Familienleben, wenn längst klar ist, dass es dazu nie (wieder) kommen wird.

Nichts macht die Endgültigkeit einer Scheidung deutlicher als die Wiederverheiratung eines Elternteils. Auch für die beteiligten Erwachsenen ist das oft nicht ganz einfach. Ich weiß noch genau, wie es war, als meine frühere Frau mir zwei Jahre nach unserer Scheidung mitteilte, sie werde wieder heiraten. Wir hatten uns der Kinder wegen um einen freundschaftlichen Umgang miteinander bemüht und daher sagte ich nur: »Tja, wir sind uns eben begegnet und haben uns ineinander verliebt, dann haben wir geheiratet, dann kamen die Kinder, dann ging die Liebe zu Ende und die Ehe; ich habe wieder geheiratet und du tust es jetzt auch. Fühlt sich ganz so an, als würden wir jetzt endgültig auseinanderdriften.«

Wenn es eine schlimme Scheidung war, bei der die Kinder als Pfand herhalten mussten, tun sie sich in der Regel noch schwerer, neue Elternfiguren zu akzeptieren. »Du bist nicht mein Vater!« oder »Du bist nicht meine Mutter!«, bekommen viele Stiefeltern zu hören, wenn sie versuchen, Disziplin durchzusetzen. In solchen Protesten liegt der ganze Schmerz der Kinder über die Trennung der Eltern, der Frust über das Hin und Her der Besuchsregelungen und der Loyalitätskonflikt, in den sie durch anhaltende Animositäten zwischen den geliebten Eltern gestürzt werden. Das alles lässt sich viel leichter an den Stiefeltern auslassen als an den leiblichen.

Stiefeltern tun sich natürlich mitunter auch schwer, Kinder lieben zu lernen, die nicht ihre eigenen sind – eine oft frustrierende Rolle, die sie da spielen sollen. Oft sehen sie die Elternrolle anders als der Ehepartner und müssen Kompromisse finden, während sie zugleich der Opposition, ja Feindseligkeit von Kindern ausgesetzt sind, deren Leben völlig auf den Kopf gestellt wurde. Wenn beide Partner Kinder in die zweite Ehe einbringen, wird das Ganze noch komplizierter. Der Verdacht, jeder ziehe die eigenen Kinder vor, entsteht schnell und kann große Probleme aufwerfen.

Welche Strategie kann man nun jemandem empfehlen, der eine Beziehung zu den Kindern seines neuen Partners aufbauen muss? Nach meiner Erfahrung funktioniert diese am besten: Überlass die Erziehung dem leiblichen Elternteil. Da wird man sich manchmal auf die Zunge beißen müssen, vor allem wenn man sich proviziert fühlt oder das Gefühl bekommt, der Partner halte die Zügel zu locker. »Was soll ich denn machen, wenn der Junge sich nicht benimmt, während mein Mann nicht da ist?« Antwort: Gar nichts; das ist nicht dein Problem. Das Kind wird jede stiefelterliche Intervention ärgerlich ablehnen und der daraus entstehende Konflikt untergräbt nur den Aufbau einer achtungsvollen und zugewandten Beziehung.

Warum wohl muss die »böse Stiefmutter« in so vielen Märchen als Verkörperung des Grundbösen herhalten? Weil es eine uralte Geschichte ist. Für Kinder sind Stiefeltern immer schon zweite Wahl gewesen – bestenfalls. Wer gerät bei sexuellem Missbrauch von Kindern zuerst in Verdacht? Der Stiefvater. Auch dahinter steht die stillschweigende Annahme, man könne andere Kinder nicht so lieben wie eigene.

Es versteht sich von selbst, dass sich Stiefeltern *nie* hinreißen lassen sollten, den leiblichen Vater oder die leibliche Mutter der Kinder zu kritisieren. Das kann nur bö-

ses Blut geben. Kinder stehen in aller Regel bedingungs-
los hinter ihren Eltern und reagieren mit Ablehnung,
wenn jemand an die Stelle der leiblichen Eltern tritt.
Auch die Frage, wie Stiefeltern von den Kindern des
Partners angesprochen werden sollten, birgt einigen
Sprengstoff. Die beste Wahl ist meist der Vorname. Wer
versucht, Ehrentitel wie Mama oder Papa durchzusetzen, kann sich auf heftigen Widerstand gefasst machen.
In den meisten Fällen kommen Stiefeltern zu befriedi-
genden Ergebnissen, wenn sie eine freundschaftliche,
aber nicht erzieherische Beziehung aufbauen und emotional verfügbar sind, ohne sich auf die typischen El-
tern-Kind-Konflikte einzulassen. Das überlässt man zum
Nutzen aller lieber den Eltern. Die meisten Stiefeltern,
die so verfahren, empfinden es als Befreiung, wenn sie
sich nicht verpflichtet fühlen müssen, ein unwilliges
Kind zurechtzuweisen, zu belehren, zu disziplinieren
oder in anderer Weise elterlich zu betreuen. Aus Gesprä-
chen mit Erwachsenen, die als Kinder mit Stiefeltern
leben mussten, weiß ich, wie ihr größtes Kompliment
lautet: »Er/sie war immer für mich da.« Ohne Grenzen
setzen zu müssen, wie es Eltern obliegt, können Stiefeltern dem Kind etwas geben, was sonst nicht so leicht
zu haben ist: die Weltsicht eines freundlich gesinnten,
nicht be- oder verurteilenden Erwachsenen.
Alle Ratgeber für Stiefeltern beruhen auf der Stan-
dardeinschätzung menschlicher Beziehungen: »Das ist
schwere Arbeit mit viel Stress, also leg dich krumm und

hoffe, dass du genügend Kraft hast.« Mich erstaunt, dass kaum einer dieser Ratgeber mal sagt: »Das Leben im Allgemeinen und gute Beziehungen zu anderen Menschen im Besonderen müssen nicht schwierig sein. Wenn sie es trotzdem sind, solltest du vielleicht einmal deine Einstellung überprüfen.« Mir kommt es oft so vor, als fuße die gesamte Selbsthilfeindustrie auf der Prämisse »Das Leben ist schwer und dann muss man auch noch sterben«. Wer die Dinge so sieht, braucht natürlich Rat und Beistand. Das fördert den Bücherumsatz, hält aber auch die Erwartungen der Leute niedrig und ihr Stressniveau hoch. Das Stiefelterndasein ist ein Unterkapitel dieser Philosophie. Wer davon ausgeht, dass dazu harte Arbeit, eiserne Disziplin und häufige Übung in Konfliktbewältigung erforderlich sind, sorgt selbst dafür, dass es dann auch wirklich so kommt. Wenn Sie jedoch entspannt bleiben, ein bisschen Humor aufbringen und Ihr Freundschaftstalent ein wenig spielen lassen, muss das Zusammensein mit anderer Leute Kinder längst nicht so beschwerlich sein, wie alle meinen.

Hier möchte ich noch anmerken, dass ich praktisch alles, was ich über dieses Thema (und die Liebe überhaupt) weiß, meiner Frau Clare zu verdanken habe.

11

SICH MIT DEN AUGEN ANDERER SEHEN – EINE SCHWIERIGE ÜBUNG

Die meisten Menschen hassen Spiegel, was wohl daran liegt, dass das, was wir darin sehen, höchst unbefriedigend ist. Wer soll das denn sein? Wann um Himmels willen bin ich so alt geworden? Wo kommen all die Falten her? Wer außer meiner Mutter könnte dieses Gesicht lieben? Kaum jemand entspricht dem gängigen Schönheitsideal und daran lassen wir uns gar nicht gern erinnern.

Viele verabscheuen ihre körperlichen Makel und geben gern eine Menge Geld für Reparaturarbeiten aus. Und klar ist auch, dass wir dazu neigen, andere anhand von Äußerlichkeiten zu beurteilen. In den Kontaktbörsen im Internet sprechen die Leute zwar über ihre Interessen und Errungenschaften, ausschlaggebend für die Reaktionen auf ein Profil sind dann aber doch das Alter und das Foto. (Statistische Erhebungen lassen allerdings geschlechtsbedingte Unterschiede erkennen. Demnach legen Frauen offenbar mehr Wert auf den Job eines Mannes als auf sein Aussehen.)

Lernen wir jemanden dann näher kennen, bekommen auch andere Persönlichkeitsmerkmale das ihnen zustehende Gewicht. Aber das Bild, das wir von uns selbst haben, zeigt uns selten genau so, wie wir in den Augen anderer sind. Wir sehen uns gern als aufrichtig, zuverlässig und einfühlsam. Soweit ich es beurteilen kann, kommen diese schönen Eigenschaften aber keineswegs in gleichmäßiger Verteilung vor und in der Reaktion auf Krisen und Katastrophen zeigt sich in schöner Regelmäßigkeit, dass eine solche Charakterstärke nur wenigen gegeben ist.

Im Hafen von Baltimore hat sich vor ein paar Jahren ein schwerer Unfall ereignet. Eine plötzliche starke Bö brachte ein Wassertaxi mit etwa zwanzig Leuten an Bord zum Kentern. Es war Frühling und das Wasser noch empfindlich kalt. Von den herbeirasenden Rettungsbooten aus war zu sehen, dass die meisten Leute auf dem Rumpf des kieloben liegenden Pontonbootes standen. Sie schrien durcheinander, unter dem Boot seien noch weitere Menschen eingeschlossen. Offenbar stellte aber niemand die naheliegende Frage: »Weshalb steht ihr dann oben?« Als es schließlich gelang, eines der Pontons anzuheben, kamen drei Leichen zum Vorschein, eine davon die eines Kindes.

Wer von uns könnte mit Sicherheit sagen, wie er sich in so einer Situation verhalten würde? Ja, wir würden gern an unsere Tapferkeit glauben, vor allem wenn das Leben von Kindern auf dem Spiel steht. Aber es gibt so viele Beispiele für panische Reaktionen im Gefahrenfalle, dass man sich fragen muss, ob wir zu selbstlosem Handeln überhaupt in der Lage sind.

Sogar in alltäglichen Dingen, die keine großen Risiken mit sich bringen, findet sich selten jemand, der sich nicht nur von seinen Eigeninteressen leiten lässt. Ich musste vor einigen Jahren als Zeuge in einem Sorgerechtsverfahren aussagen, für das ich beide Elternteile psychologisch begutachtet hatte. Im Verlauf der Therapie hatte sich herausgestellt, dass die Frau neben der Ehe noch eine homosexuelle Beziehung unterhalten hatte. Daraus versuchte der Ehemann abzuleiten, dass ihm das Sorgerecht zustehe. Sein Anwalt bedrängte mich, den Sachverhalt zu bestätigen.

Meine Berufspflicht, fand ich, lag darin, nichts über meine Patienten und deren Kinder zu sagen, was ihnen hätte zum Nachteil gereichen können. Außerdem hatte ich nicht den Eindruck, dass die außereheliche Beziehung der Frau ihrer Qualifikation als Mutter Abbruch getan hätte. Also verweigerte ich die Aussage mit der Begründung, sie berühre die ärztliche Schweigepflicht. Der Richter wies mich streng darauf hin, dass dieses Privileg nach den Gesetzen von Maryland bei Sorgerechtsprozessen nicht bestehe und er meine Aussage »erzwingen« könne. Ich wollte mich schon nach den Daumenschrauben umsehen, als mir klar wurde, dass er mich allenfalls wegen »Missachtung des Gerichts« verdonnern konnte.

Interessant war für mich vor allem, dass dieser Jurist keinerlei Sinn für die ethische Klemme besaß, in der ich mich befand. Er war es offenbar so gewohnt, dass die

Leute ausschließlich in ihrem eigenen Interesse handeln, dass er sich etwas anderes gar nicht vorstellen konnte. Er sah in mir einfach ein ärgerliches Sandkorn im Getriebe seiner Gerichtsbarkeit und ging völlig selbstverständlich davon aus, dass ich es nicht darauf ankommen lassen würde, in Beugehaft genommen zu werden. Weil meine Klientin mich von der Schweigepflicht entband, kam es nicht dazu. Was mich aber nach wie vor beschäftigt, ist die Sicherheit, mit der dieser Richter davon ausging, dass man mit ein bisschen Druck jeden umstimmen könne.

Nun, woran auch immer unsere guten Vorsätze scheitern mögen, der Weg zur Hölle ist jedenfalls mit Heuchelei gepflastert. Wie oft fällt uns das Missverhältnis auf, das zwischen unserer Selbsteinschätzung und dem Bild, das andere von uns haben, besteht? Unsere Selbstgerechtigkeit und die ganze Ungeduld mit allen, die anderer Meinung sind als wir, lässt sich auf eine mehr oder weniger stark ausgeprägte Blindheit für unsere eigenen Fehler und Schwächen zurückführen.

In der Therapie begegnet man natürlich vor allem Menschen, deren Leben nicht richtig rund läuft. Jeder Therapeut hat alle Tage nicht nur mit Ängsten und Depressionen zu tun, sondern begegnet auch immer wieder Menschen, deren Wunsch nach einem angenehmen Leben von einem damit nicht vereinbaren Bedürfnis durchkreuzt wird, nämlich dem, ihre tatsächlichen Impulse und Verhaltensweisen nicht sichtbar werden zu lassen. Der Ruin der Ehe durch Untreue, die fehlende Bereitschaft, anderen die Zuneigung entgegenzubringen, die wir uns von ihnen wünschen, das generelle Missverhältnis zwischen Worten und Taten – all das ist es, was unsere engsten Beziehungen zum Scheitern verurteilt.

In den Kindheits- und Jugendgeschichten, die ich in meiner Praxis höre, strotzt es im Allgemeinen nicht gerade von Hochachtung für die Eltern. Wenn ich das Gebiet nennen sollte, auf dem Unaufrichtigkeit und Scheinheiligkeit den größten Schaden anrichten, würde ich von der Elternschaft sprechen. Hier steht auch am meisten auf dem Spiel, wird das Missverhältnis von Wort und Tat geradezu schreiend deutlich, denn in einer Familie kann niemand vertuschen, was er wirklich denkt und glaubt. In der Lebensgeschichte von Menschen, die sich große Mühe geben, mit ihren Kindern besser umzugehen, als es ihre eigenen Eltern getan haben, ist erschütternd häufig von elterlichem Alkoholismus, seelischen und körperlichen Misshandlungen, von sexuellem Missbrauch, Verwahrlosung und blindem Egoismus die Rede.

Ist es zu viel verlangt, anderen auf unserem Weg durchs Leben möglichst wenig Schaden zuzufügen? Dass wir uns »Mühe« geben, besagt wenig, wenn andere es ganz anders erleben. Auch die Frage, ob wir anderen versehentlich oder mit Absicht geschadet haben, ist ziemlich gegenstandslos. Wer auf der Straße angefahren wird, macht sich wenig aus den Beteuerungen des Unfallfahrers, er habe es nicht bös gemeint. Gegenüber denen, die in unsere Obhut gegeben sind, können wir auch nicht beteuern, wir hätten nicht gewusst, wie sich unser Verhalten auf sie auswirkt. Nur das darf Elternschaft bedeuten: der in jeder Hinsicht verantwortungsvolle Umgang mit einem uns anvertrauten kostbaren Gut. Und das Urteil der Menschen, die ihm am nächsten standen, nimmt jeder mit ins Grab.

12

MORALISCHE GEWISSHEIT IST DES WAHREN GLÄUBIGEN LOHN

Es ist aber der Glaube eine gewisse Zuversicht des,
das man hofft, und ein Nichtzweifeln an dem,
das man nicht sieht.

Hebräer 11,1

In den Vierziger- und Fünfzigerjahren in einer katholischen Umgebung aufzuwachsen war eine Übung in Angstbewältigung. Von der Kirche fühlte ich mich mit einem Heilsversprechen in Schach gehalten, das an eine Reihe von Verboten geknüpft war, deren Übertretung geahndet wurden. Damit sollte gewährleistet werden, dass alle hübsch gefügig blieben und nie ohne Angst- und Schuldgefühle waren.

Ganz besonders aber fühlte ich mich von der Behauptung unter Druck gesetzt, wenn es um Sünden ginge, seien »Gedanke, Wort und Tat« gleichzusetzen. Jeder weiß doch, dass Fantasien und Gefühle nicht unter Kontrolle zu halten sind – aber nein, kein Pardon. Ein Versagen in diesem Punkt galt nicht als Vorstadium der

Sünde, sondern *war* bereits Sünde. Hier ist die geniale »Marketingstrategie« der Kirche besonders gut zu erkennen: Der einzige Rettungsweg für unsere unsterbliche Seele bestand im Sakrament der Beichte.

So saß ich denn jede Woche vor dem Beichttermin da und zermarterte mir das Hirn, was für Sünden ich glaubwürdig auftischen konnte, ohne mir Schlimmeres einzuhandeln als ein paar Rosenkränze. Den rabenschwarzen Abgrund meiner jugendlichen Fantasien, sagte ich mir, konnte ich unmöglich offenbaren, da wäre dann sicher mindestens eine öffentliche Auspeitschung fällig. So gestand ich immer wieder versehentlichen Fleischgenuss am Freitag, was zwar eine Todsünde war, sich aus unerfindlichen Gründen aber trotzdem mit ein paar Vaterunser und Ave-Maria bereinigen ließ.

Einmal im Jahr hatte sich die Gemeinde feierlich zu den Richtlinien der kirchlichen Zensur zu bekennen, die festlegt, welche Bücher und Filme für den wahren Gläubigen Anathema sind. An einem dieser Sonntage, ich war sechzehn, brach ich endgültig mit der Religion meiner Mutter und verweigerte den Eid.

Ich war nämlich wild entschlossen, mir den kurz zuvor (1945) freigegebenen Howard-Hughes-Film *The Outlaw* anzusehen, für den mit großspurigen Phrasen wie »Unaussprechlich schockierend!« geworben wurde. In einer Szene steigt Jane Russell voll bekleidet mit Billy the Kid (Jack Beutel) ins Bett, trägt dabei jedoch einen eigens für diese Szene konstruierten Hebel-BH, der ihren Ausschnitt höchst sehenswert machte – und darum ging es mir.

Als Grund für den Bruch mit der Religion seiner Kindheit mag man das trivial finden, aber so war es nun mal. Ich glaube, ich hatte es einfach satt, mir Gewissensbisse wegen Gedanken und Regungen zu machen, die – wie ich inzwischen wusste – ziemlich weit verbreitet waren. (Wie es diesbezüglich um die Priester stand, wusste ich damals freilich noch nicht.)

In der Militärakademie West Point war der sonntägliche Kirchgang obligatorisch, und um meiner Linie treu zu bleiben, marschierte ich mit in die protestantische Kapelle, in der auch die Musik besser war und niemand Lateinisches herunterleierte. Da hatte das »Vorwärts, Streiter Christi« endlich eine handfeste Bedeutung. Ein paar Jahre später fand ich mich in Vietnam wieder. Es hätte mich wohl nicht wundern sollen, dass das geistliche Korps (wie auch das medizinische) nichts weiter war als eine »Tochtergesellschaft« des Militärs und in erster Linie für die theologische Rechtfertigung des Unternehmens zu sorgen hatte, statt sich einfach um das Seelenheil der Soldaten zu kümmern. Die abendlichen Lagebesprechungen wurden immer mit einem Gebet beendet.

Bei einer dieser Gelegenheiten wandte sich der Kommando führende Offizier, Colonel George S. Patton III., an den Geistlichen und fragte: »Und wofür wollen wir heute beten? Wie wäre es denn mit einem Haufen Leichen?« Pflichtschuldigst sprach der Geistliche: »Hilf uns, o Herr, den Auftrag des Regiments zu erfüllen. Lass uns die Bösewichter aufspüren und ihnen übel mitspielen.«

Weshalb entscheiden wir uns von all den Geschichten, mit denen wir versuchen, unser Leben zu ordnen, nicht für die, die anderen am wenigsten schadet? Die meisten tiefen Überzeugungen kranken daran, dass sie ihre Anhänger zwingen, diese besondere Lösung der Rätsel des Lebens als einzig richtige anzusehen. Wäre das nur arrogant, ginge es ja noch; aber Fundamentalisten meinen zudem auch, sie hätten das Recht, anderen ihre Auffassungen aufzuzwingen.

In seiner harmlosesten Form ist ein solcher missionarischer Eifer einfach der Drang, die »frohe Botschaft« des Heils zu verkünden. Das hat wenigstens noch den Vorteil, dass man als Nichtinteressierter einfach weghören darf. Nur begnügen sich die vom Heiligen Geist Ergriffenen oft leider nicht mit bloßer Überzeugungsarbeit. Früher oder später übermannt sie doch das Bedürfnis, andere zum Zuhören zu zwingen. Sie können nicht anders, sie müssen einfach in Schulen Pflichtgebete durchsetzen, sie müssen vor sportlichen Wettkämpfen oder Prüfungen ihren Jesus anrufen. Sie lassen keine Gelegenheit aus zu betonen, dass sie sich »unter Gott« der großen säkularen Religion des Patriotismus zugehörig wissen.

Wenn wir nur mit den öffentlichen Gebeten dieser Gläubigen zwangsberieselt würden (wobei sich die Frage stellt, wozu einem allmächtigen Gott unentwegt gelobhudelt werden muss), wäre es auch noch relativ erträglich. Aber Worte genügen natürlich nicht. Wer der offenbarten Wahrheit teilhaftig ist, muss die Unwilligen *zwingen*, sich dem Wort Gottes zu beugen. Nicht genug damit, dass die Umnachteten ihre Seele und ihr Anrecht auf das ewige Leben verwirken. Zuvor muss ihnen noch das Recht aberkannt werden, in *dieser* Welt nach ihrem eigenen Gutdünken zu leben.

Durch alle Formen des zum Zwang neigenden fundamentalistischen Glaubens, sei es an den Gott des Islam oder den des Alten Testaments, zieht sich ein Thema, nämlich dass sich die gesellschaftlichen und staatlichen Strukturen letztlich an den Richtlinien des Korans oder der Bibel (in der Auslegung der wahren Gläubigen) orientieren müssen. Die Taliban in Afghanistan und die Mullahs im Iran haben uns einen Eindruck davon vermittelt, wie eine Gesellschaft aussieht, in der die Kirche der Staat *ist*. Das ist kein sehr schönes Bild. Interessanterweise zeigt es Übereinstimmungen mit der (atheistischen) Gesellschaftsstruktur des Kommunismus, die im vorigen Jahrhundert von der sowjetischen Führung vertreten wurde.

Entscheidungsfreiheit macht das Wesen der Demokratie aus (wie übrigens auch das der geistigen Gesundheit): die Freiheit, so zu leben, wie man möchte, ohne dass dadurch die Rechte anderer verletzt werden. Fundamentalismus dagegen beschneidet die Freiheit: »Du sollst nicht ...« Die Grauzone ethischer Unwägbarkeiten, in der sich die »Weltmenschen« bewegen, ist nichts für den Gläubigen. Er beharrt auf den moralischen Maximalforderungen, die in seiner speziellen Auslegung der Bibel liegen.

Menschen, die sich einer bestimmten Religion tief verbunden fühlen, leben naturgemäß in der Gewissheit, die richtigen Antworten auf die Grundfragen des Menschseins zu kennen. Die vom Glauben Durchdrungenen sind sich der (unbeweisbaren) Realität einer bestimmten Gottheit vollkommen sicher und zweifeln nicht im Geringsten an ihrer Auslegung der heiligen Schriften ihrer Religion, die den Willen Gottes zu offenbaren behaupten.

Aus irgendeinem Grund – vielleicht liegt es an unserer Schwäche für spannende Geschichten – wird dann noch ein metaphysischer Widersacher der erwählten Gottheit für notwendig gehalten, eine Verkörperung des Bösen, die aus reiner unerklärlicher Niedertracht um unsere Gunst buhlt und versucht, der Gottheit unsere unsterbliche Seele abspenstig zu machen. Dieser kosmische Konflikt bringt dann jene Entweder-oder-Sicht aller menschlichen Dinge hervor, die sich in einer vielgestaltigen, nie ganz eindeutigen Welt so verheerend auf die Beziehungen zwischen Menschen und Nationen auswirkt.

Dies unter anderem lehrt uns der 11. September: Der spezifische Glaube der Selbstmordattentäter legte ihr Tun, den Anschlag auf das Herz der Ungläubigen, als zutiefst religiösen Akt aus. An ihrer vollkommenen Gewissheit in diesem Punkt ist nicht zu zweifeln, ebenso wenig wie daran, dass ihre letzten Worte wohl *Allah akbar* lauteten.

Der Geist der Demokratie lebt von der Überzeugung, dass niemand ein Monopol auf die Wahrheit besitzt. Wir alle sind fehlbar und ringen um die Errichtung einer Welt, in der jedem das Recht eingeräumt wird, die großen Fragen des Lebens so zu beantworten, wie es ihm richtig erscheint. Sollte es ein Dasein nach diesem Leben geben, wird es sich kaum an einem Ort abspielen, zu dem nur Zugang hat, wer zufällig mit der richtigen Religionszugehörigkeit geboren wurde. Während der langen Geschichte der Menschheit sind viele Legenden ersonnen worden, die Ursprung und Sinn des Lebens erklären, uns über all das Unglück und Unrecht ringsum trösten und uns angesichts des Todes, der unser gemeinsames Schicksal ist, Hoffnung spenden sollen. Es fehlt noch eine Geschichte, die erklärt, dass unsere Vorstellungen von Gott und seiner Rolle in unserem Leben so vielfältig sind wie die Kulturen, denen sie entspringen. Wie wir uns den Himmel auch vorstellen mögen, die Hölle auf Erden jedenfalls entsteht durch das Vorhaben, einer Glaubensrichtung den Sieg über eine andere zu erstreiten. Ich sehne mich nach einem Glauben, zu dessen Kernbestand Bescheidenheit und Toleranz gehören. Eine solche Kirche wäre von dem Gedanken getragen, dass Gott gute Werke mehr schätzt als Frömmigkeit. Und ihr wichtigstes Gebot wäre: Du sollst deine Religion für dich behalten.

13

EIN KAPITEL
LEBENSHILFE

In den Vereinigten Staaten sind fünfunddreißig Millionen Menschen, dreizehn Prozent der Gesamtbevölkerung, über fünfundsechzig Jahre alt. Die Zahl steigt und mit der unfreiwilligen Hilfe der Babyboomer wird es bis 2030 siebzig Millionen Menschen in dieser Altersstufe geben.

Aus naheliegenden Gründen beschäftige ich mich in letzter Zeit etwas mehr mit dem Altern. Als Psychiater habe ich mit einer speziellen Stichprobe älterer Menschen zu tun, ich kann aber natürlich auch aus Erfahrungen im Freundes- und Bekanntenkreis schöpfen. Alles in allem ist das Altwerden keine erfreuliche Aussicht.

Auf unserem ganzen Weg durchs Leben lauern ständig Klischees. Sie können uns in jeder Altersklasse ereilen: aufsässige Teenager, ahnungslose Brautpaare, geschäftstüchtige Yuppies, überforderte Eltern, ganz auf Sicherheit bedachte reifere Erwachsene, antriebslose Rentner. Vor allem jedoch in der letzten Lebensphase ist die Gefahr groß, dass wir uns dem verheerenden Einfluss der Zeit und der erlittenen Verluste einfach ergeben und zu genau der vernachlässigbaren Größe der Alten werden, denen früher unsere mitleidigen Blicke galten.

Die Jahre entreißen uns die Masken, hinter denen wir uns immer zu verstecken suchten. Hinfälligkeit und Tod schrecken uns mehr als alles andere. Die Milliarden, die für Kosmetika, Schönheitsoperationen und »Nahrungsergänzungsmittel« in unvorstellbarer Vielfalt und Menge ausgegeben werden, sind Ausdruck unserer vergeblichen Versuche, die sichtbaren Zeichen unserer Sterblichkeit zu tilgen. Es fehlt der Mut, uns der Tatsache zu stellen, dass wir wirklich und wahrhaftig alt geworden sind.

Von der Gesellschaft in Randbereiche abgedrängt und von erwachsenen Kindern, die unsere Gesellschaft nur noch in Maßen ertragen, eher geduldet, halten sich die Alten eher an ihresgleichen, die genauso viel Zeit und genauso wenig Fantasie haben. Wenn es keine beruflichen und familiären Pflichten mehr gibt, laufen wir Gefahr, für uns selbst genauso belanglos zu werden wie für die Gesellschaft.

Darin sehe ich den Grund dafür, dass die Alten zu Recht im Ruf stehen, nur noch zu jammern. Wer in jüngeren Jahren zu viel Aufhebens um seinen Körper macht, gilt als Hypochonder. Kreisen jedoch im Alter unsere Gedanken und Worte vorwiegend um unsere Zipperlein, will bald keiner mehr etwas mit uns zu tun haben. Ich erlebe häufig Erwachsene, denen das Gespräch mit den Eltern ein Gräuel ist, weil sie wissen, dass sie immer wieder nur die Litanei von Beschwerden hören werden, die sie schon so gut kennen. Nichts könnte, selbst bei geliebten Menschen, uninteressanter sein, als immer wieder die gleiche Liste von Leiden heruntergeleiert zu bekommen, an denen die Medizin nichts mehr ändern kann und der arme Zuhörer erst recht nicht. Und was erst, wenn wir uns selbst genauso langweilig werden?

Ich behandle eine Frau mittleren Alters, die es so satt hat, sich telefonisch die Klagen und ungebetenen Ratschläge ihrer Mutter anzuhören, dass sie den Hörer immer auf Armeslänge von sich hält. So hört sie zwar noch die Stimme, versteht aber kaum etwas von dem, was gesagt wird. Tritt eine Pause ein, murmelt sie »Ja, Mama« in die Muschel und streckt den Arm dann wieder aus, sobald ihre Mutter weiterredet. Und weiterredet. Ich habe diese Technik bereits anderen Erwachsenen empfohlen, deren Gespräche mit den Eltern auch nicht mehr das ergeben, was man gemeinhin als Kommunikation bezeichnet.

Im Alter schrumpft die Welt im gleichen Maße wie unser Interesse an ihr. So erstaunt mich beispielsweise, wie wenige ältere Menschen mit dem Computer umgehen können. Einer Umfrage zufolge sind nur einunddreißig Prozent der über Fünfundsechzigjährigen je online gewesen, und sei es auch nur zum Austausch von E-Mails. (Die Zahl für die nachfolgende Generation der jetzt Fünfzig- bis Fünfundsechzigjährigen sieht schon anders aus: siebzig Prozent.) Die Vorstellung, als Fenster zur

Welt mehr oder weniger nur das Fernsehen zu haben, ist trostlos.

Eine der Kritiken an meinem vorigen Buch lautete, für die Ratgeberecke im Buchladen enthalte es zu wenig praktische Tipps. Deshalb jetzt ein paar Anregungen für alle, deren Wunsch nach einem langen Leben in Erfüllung ging:

1. Hören Sie auf zu jammern. Ein paar Generationen früher wären Sie längst tot.
2. Wenn es in Ihrem Leben nichts gibt, was Sie die Zeit vergessen lässt, dann suchen Sie sich etwas.
3. Wenn Sie mehr als zehnmal im Jahr zum Arzt gehen, ohne eine wirklich schwere chronische Krankheit zu haben, suchen Sie sich ein neues Hobby.
4. Es stimmt zwar, dass in den letzten dreißig Jahre keine gute Musik mehr geschrieben wurde. Ihre Kinder und Enkel wollen davon allerdings nichts hören.
5. Wer wissen möchte, wie Sie früher gelebt haben, wird schon fragen.
6. Beschäftigen Sie sich nicht mit der Frage, wie man Versuchungen aus dem Weg geht. Die Zeit, in denen sie *Ihnen* aus dem Weg gehen, kommt früh genug.
7. Das mit dem würdevollen Sterben können Sie getrost auf sich beruhen lassen. Versuchen Sie lieber, in Würde zu leben.

14

VIELES WIRD GENOMMEN, DOCH EINIGES BLEIBT AUCH

Mit siebzig sind die Chancen, bei der alle zwei Jahre stattfindenden Transpazifischen Regatta (Transpac) von Los Angeles nach Honolulu einen Platz in einer der Crews zu bekommen, nicht mehr sehr groß. Deshalb tat Lloyd Sellinger 2003 genau das, was jeder Siebzigjährige, der etwas auf sich hält und mit nach Honolulu fahren möchte, auch tun würde: Er schönte sein Alter. »Ich habe dem Skipper, der irgendwas zwischen vierzig und fünfzig war, gesagt, ich sei neunundsechzig«, erzählt er. »Das klang einfach besser.« Als er trotzdem nicht genommen wurde, kam ihm eine Idee. Er würde seine eigene 12-Meter-Yacht für die Transpac 2005 herrichten und jedes Crewmitglied musste älter als fünfundsechzig sein.

Sobald ein kalifornisches Segelmagazin über dieses Vorhaben berichtet hatte, trudelten auch schon die ersten Bewerbungen ein. Drei segelerfahrene Männer, einer sechsundsechzig, die anderen beiden siebenundsechzig Jahre alt, waren, nachdem sie Proben ihres Könnens gegeben hatten, bereits angenommen, als ich im fernen Maryland von der Sache Wind bekam. Lloyd hatte zwar schon eine ganze Reihe aussichtsreicher Kandidaten, versprach mir aber, meine Unterlagen zu behalten. Und ich hatte Glück, denn die anderen Kandidaten machten entweder etwas am Boot kaputt, zitterten so, dass es nicht zu übersehen war, oder krabbelten auf allen vieren zum Vordeck. Lloyd schickte mir eine E-Mail und ich flog im Januar 2005 zu einem Probetörn nach L. A. Ich kehrte meine fünfunddreißig Jahre Regattaerfahrung mit kleineren Booten heraus und erwähnte nicht weiter, dass ich bisher nur auf maximal neun Meter langen Booten und noch nie außer Sichtweite der Küste gesegelt war.

Mein Beruf sprach sicher für mich, allerdings gab meine Spezialisierung auch zu (größtenteils unausgesprochenen) Bedenken Anlass.

Der Übungstörn lief gut. Ich konnte Backbord von Steuerbord unterscheiden, fiel nicht ins Wasser und schien rüstig genug, um zwei Wochen auf hoher See durchhalten zu können. So stieß ich als Letzter zu dem, was dann später »das dreckige halbe Dutzend« genannt wurde. Ich erklärte mich bereit, bis zum Beginn der Regatta im Juli einmal monatlich zu Übungsfahrten oder Regatten nach Kalifornien zu fliegen. Außerdem versprach ich, mich in Allgemein- und Notfallmedizin fit zu machen und mir die Einstufung aller erdenklichen Erkrankungen und Verletzungen als »psychosomatisch« zu verkneifen. Was aber das Wichtigste war: Wir kamen gut miteinander aus. Es waren keine ruppigen Leute oder Besserwisser dabei. Lloyds intuitives Auswahlverfahren und sein lockerer Führungsstil erwiesen sich als richtig; in den sechs Monaten unserer Zusammenarbeit fiel kein einziges böses Wort. Keiner hatte irgendeinen der anderen vorher gekannt, aber am Ende waren wir alle Freunde.

Kaum hatte unser Unternehmen ein wenig Publizität bekommen, blieben natürlich die unvermeidlichen Viagrawitze nicht aus. Wir würden wohl von einem Pharmaunternehmen gesponsert? (Nein, aber wir hatten angefragt.) Schließlich fiel uns eine passende Antwort ein: Wir würden ein paar Viagrapillen mitnehmen, aber nur, um bei Seegang nicht aus der Koje zu fallen.

Eine lange Fahrt übers Meer ist wie jedes Abenteuer dieser Größenordnung sowohl Ausdruck der Hoffnung als auch eine Reise nach innen. Und man unternimmt sie aus Gründen, die schließlich kaum mehr eine Rolle spielen. Bei unseren frühen Übungstörns und den Regatten nach Mexiko und rund um Santa Barbara Island hatte sich zweierlei herausgestellt. Erstens waren wir langsam. Unser *Bubala* (jiddisch für »Schätzchen«), Baujahr 1969 und mit veralteter Takelage, gab allen Grund zu der Vermutung, dass wir mit leichteren Booten und deren erfahreneren Crews (ganz abgesehen vom höheren Budget) nicht würden mithalten können. Zweitens machte das gar nichts. Wir wollten einfach so schnell nach Hawaii segeln, wie es uns möglich war. Keiner von uns hatte schon einmal an der Transpac teilgenommen. Es sollte die Fahrt unseres Lebens werden und das bloße Dabeisein war für uns genau die richtige Geschwindigkeit.

Startpunkt des 2500-Meilen-Kurses war Point Fermin westlich von Los Angeles. Es ging ein leichter Wind, der im Verlauf des ersten Tages noch weiter abflaute. Unter normalen Umständen hätten wir damit rechnen können, dass wir Catalina Island gegen 17 Uhr passieren würden. Tatsächlich zogen wir gegen 2 Uhr am nächsten Morgen mit zwei Knoten als Schlusslicht am Leuchtfeuer West End vorbei. Gleich hinter Santa Barbara Island gerieten wir für knapp acht Stunden in eine Flaute mit spiegelglatter See. Bis zum Abend dieses zweiten Tages trieb uns die Strömung über eine Meile in Richtung Festland zurück. Endlich kam eine leichte Brise auf und wir trafen eine schwere Fehlentscheidung, nämlich die Insel San Nicolas, den letzten Vorposten des nordamerikanischen Kontinents vor dem offenen Pazifik, nördlich zu passieren. Wir näherten uns der Insel in der Nacht und kamen überein, weiter nach Norden zu halten, um einigen Klippen auszuweichen. Plötzlich schlug der Wind um und zwang uns ebendieser Klippen wegen auf einen Kurs, der uns zu den Aleuten geführt hätte. Hart am Wind kämpften wir uns langsam weiter, und als wir endlich wieder abfallen und die Klippen umrunden konnten, hatten wir anderen Booten gegenüber, die sich mit weitaus besserem Wind direkt südwärts gehalten hatten, etliche Stunden verloren.

Zu allem Überfluss stellten wir kurz darauf fest, dass sich einige der neu installierten Bord-Akkus nicht richtig laden ließen. Deshalb mussten wir die Innenbeleuchtung auf ein Minimum reduzieren und beschränkten unsere Funkverbindungen auf den morgendlichen Positionsbericht und den »Bett-Check« am Abend. So wurden auch unsere Pläne durchkreuzt, über Kurzwelle Kontakt mit den Familien zu halten und Wetterfaxe auf den Computer zu laden.

Als wir uns an den Rhythmus gewöhnt hatten – drei Stunden Wache, drei Stunden frei –, spielte sich allmählich eine Routine ein. Mir machte die Weite des Meeres vor allem deutlich, wie unbedeutend der Einzelne im Grunde ist. Wir hatten zu essen und zu trinken, konnten miteinander reden, ansonsten aber deutete in den folgenden vierzehn Tagen nichts darauf hin, dass es außer uns noch andere Menschen gab – kein Boot, nicht einmal ein Flugzeug. Als Einhandsegler erlebt man diese Isolation natürlich noch einmal ganz anders, aber mir genügte das hier schon – so fern von allem, so machtlos, so ganz den Launen der Luftbewegungen ausgeliefert.

Ein Schiff, fand Samuel Johnson, sei wie ein Gefängnis, nur dass man darin auch noch ertrinken könne. Tatsächlich spiegelt sich in so einem Boot wie dem unsrigen auf hoher See das ganze Menschsein wider: die Einsamkeit, die Arbeit Hand in Hand, die Zuversicht, dass wir uns mit Können, Entschlossenheit und etwas Glück gegen Kräfte behaupten können, im Vergleich zu denen die eigenen nicht der Rede wert sind. Wir sind Bewusstseinsstäubchen in einem Universum, dem unser Schicksal völlig einerlei ist. Doch vielleicht kommen wir durch, vielleicht stoßen wir auf Land und auf andere Menschen. Dann erreichten wir die Breiten des Nordostpassats und versicherten uns gegenseitig, dass es sich dabei um eins der stabilsten Wettersysteme der Erde handelt – vergaßen aber nicht zu beten, dass es doch bitte auch so bleiben möge. In manchen Augenblicken kamen wir den Grenzen unserer Fähigkeiten gefährlich nahe. Bei Windgeschwindigkeiten von knapp dreißig Knoten rauschten wir mit der für unser Boot maximalen Geschwindigkeit dahin, beim Abreiten der achterlichen See noch schneller. Unter diesen Bedingungen nachts mit gesetztem Spinnaker den Kurs zu halten verlangte eine Art tänzerische Bedienung des Ruders, immer auf der Kippe zwischen dem Ausbrechen nach der einen Seite oder der noch viel gefährlicheren Halse zur anderen.

Eine Hochseeregatta in fortgeschrittenem Alter kann als hoch verdichtete Metapher gesehen werden, die verdeutlicht, wie das Leben im Schein der Abendsonne am besten zu bewältigen ist – volle Pulle, vom Spinnaker gezogen, zwischen springenden Delfinen und mitten unter Gleichgesinnten. Was könnte schöner sein?

Auf halber Strecke stießen wir mit Champagner an und ließen uns den Gedanken auf der Zunge zergehen, dass man kaum irgendwo auf der Welt weiter von jeglichem Land entfernt sein kann als hier. Wir hörten gar nicht mehr auf die Positionsangaben der anderen Boote; das besserte weder unsere (ohnehin gute) Moral noch half es uns bei der Planung. Der Passat war mal flauer, mal kräftiger, ließ uns aber nie ganz hängen und am Abend des fünfzehnten Tages sichteten wir die Lichter von Maui. Vor Molokai kam der letzte Kurswechsel und von dort an waren es nur noch zweiunddreißig Meilen bis zum Ziel. Doch zuvor mussten wir ein letztes Mal dem Tod die Stirn bieten.

Wir setzten den relativ kleinen Spinnaker, der seinerzeit mit dem Boot geliefert worden war. Vor Molokai frischte der Wind auf 25 Knoten auf, sodass der Spinnaker immer schwieriger zu bändigen war und sich schließlich um das Vorstag wickelte. Wir waren alle Mann damit beschäftigt, ihn zu bergen, drei auf dem Vordeck und drei im Cockpit, als der Steuermann einen Augenblick abgelenkt wurde, sodass der Wind das Großsegel von achtern erfasste und es mit einem Geräusch, das ich nie vergessen werde, urplötzlich zur anderen Seite warf. Als der Baum knapp über meinen Kopf rauschte, war mein erster Gedanke, jemand müsse ohnmächtig geworden oder über Bord gegangen sein – oder aber der Mast sei gebrochen. Zum Glück war nichts dergleichen passiert und so holten wir den Spinnaker ein und segelten unter dem abnehmenden Mond in die Morgendämmerung.

Vor Oahu ging hinter uns die Sonne auf und übergoss Diamond Head mit dem taufrischen Glanz eines neuen Tages. Vom iPod schmetterte der alte Eagles-Hit *Already Gone* und für einen Augenblick entglitten die Jahre und die ganze Kraft der Jugend war wieder zu spüren. Wir liefen mehr als zwei Tage hinter dem ersten Boot unserer

Klasse ein; an Geschwindigkeit hatte es also etwas gemangelt, aber ganz sicher nicht an Herz und Geist. Wir waren ja einfach sechs alte Männer auf einem alten Schiff, die nur so schnell wie möglich wieder in die Arme derer wollten, die uns liebten und in deren Augen wir Helden waren.

> ... *Kommt, Freunde,*
> *es ist nicht zu spät, die neue Welt zu suchen.*
> *Stoßt ab, nehmt eure Plätze an den Riemen ein,*
> *schlagt rauschende Furchen, denn mein Ziel ist,*
> *über den Sonnenuntergang und das Meer*
> *der westlichen Sterne hinaus zu segeln, solange*
> *ich lebe.*
> *Vielleicht spülen die Wogen uns hinab,*
> *vielleicht finden wir die Inseln der Glückseligen*
> *und sehen den großen Achill, wie wir ihn kannten.*
> *Vieles ging verloren, doch es bleibt auch viel.*
> *Und mögen wir auch jetzt nicht mehr die Kraft sein,*
> *die in den alten Tagen Himmel und Erde bewegte,*
> *so sind wir doch, was wir sind,*
> *gleichgesinnt und von heroischem Mut,*
> *von Zeit und Schicksal gebeugt, doch unbeugsam*
> *in unserem Willen:*
> *zu streben, zu suchen, zu finden und nicht nachzugeben.*

ALFRED LORD TENNYSON, »Ulysses«

15

AUF DIE WICH-
TIGSTEN FRAGEN
GIBT ES
KEINE ANTWORT

Die Leute kommen mit vielen Fragen in die Psychotherapie. Der Ansatz ist hier ja auch das sokratische Verfahren von Frage und Antwort. Dem Therapeuten fällt dabei die Aufgabe zu, ergänzende Fragen zu stellen, die nicht auf definitive Antworten aus sind, sondern darauf setzen, dass der Hilfesuchende beim Versuch einer Antwort auf Gedanken stößt, die es ihm ermöglichen, sein Leben zum Besseren zu wenden.

Leider sind Therapeuten im öffentlichen Bewusstsein Leute, von denen man Ratschläge erwarten darf. Woher dieses Missverständnis kommt, ist schnell erklärt. Selbsthilfebücher und ihre Pendants im Fernsehen stammen nämlich von Leuten, die sich als Inhaber besonderer Weisheit und Erfahrung darstellen und folglich qualifiziert sind, andere darüber aufzuklären, wie man lebt, Kinder erzieht und Beziehungen im richtigen Fahrwasser hält. Deshalb läuft es in der Anfangsphase einer Therapie oft so, dass der Patient seine Geschichte erzählt und dann fragt: »Was soll ich tun?« Die Frage kann auch schon zugespitzt formuliert sein: »Finden Sie, dass ich mich scheiden lassen soll?« Die meisten Patienten sind nicht sehr angetan, wenn man ihnen die Frage zurückgibt, etwa so: »Was glauben *Sie* denn, was jetzt zu tun ist?« Sie denken dann, ich wüsste die Antwort und wollte nur aus irgendeinem Grund, dass sie selbst darauf kommen. In Wahrheit weiß ich sie aber wirklich nicht.

Bei der Annahme, die Menschen seien selbst in der Lage zu entscheiden, was für sie das Beste ist, handelt es sich um eine Vertrauenssache. Und da liegt auch mein Problem mit den Fernsehtherapeuten. So vernünftig ihr Rat oft klingt, sie gehen davon aus, dass sie diesen Menschen, dem sie hier ja in der Regel zum ersten Mal begegnen, gut genug kennen, um zu wissen, was zu seinem Besten ist; *und* sie setzen voraus, dass dieser Mensch nicht aus eigenen Stücken zu einer noch besseren Lösung gelangen kann. Das Problem liegt natürlich darin, dass eine richtige Therapie Zeit braucht, was ihre Verwertbarkeit für das Fernsehen stark einschränkt, während sich Ratschläge auf die Schnelle geben lassen. Wenn die Worte des Therapeuten dem Publikum einleuchten, bekommt er Applaus. Der Hilfesuchende nickt zustimmend und in wenigen Minuten hat man das Problem unter Dach und Fach. Über den weiteren Verlauf eines Falles erfahren wir dann nicht mehr viel.

Die Fragen, die wir uns stellen, folgen einer gewissen Hierarchie. Da gibt es Alltägliches wie: Was muss ich heute erledigen? In welcher Farbe soll ich das Schlafzimmer streichen? Nehme ich die Papiertüte oder lieber den Plastikbeutel? Bei den Fragen auf der nächsthöheren Stufe geht es dann schon um etwas mehr: Wo soll ich wohnen? Wen soll ich heiraten? Welche Arbeit liegt mir? Und im Hintergrund lauern die großen Fragen: Wie kann ich Sinn in meinem Leben finden? Was passiert mit uns, wenn wir sterben? Warum widerfährt guten Menschen Böses?

Die therapeutische Mühle wird größtenteils mit Fragen der zweiten Kategorie beschickt, wobei das Augenmerk natürlich auf Symptomen liegt. Warum bin ich so oft traurig? Warum bekomme ich es in bestimmten Situationen mit der Angst? Weshalb bin ich meinem Ehepartner böse? Wieso benehmen sich meine Kinder so schlecht? Im Bemühen, Antworten auf solche Fragen zu finden, entstehen oft Gespräche über den Sinn des Lebens, obwohl solche Dinge traditionell die Domäne der Religion sind und es in ihnen nicht direkt um die eher praktischen Belange geht, die man im Sinn hat, wenn man Erleichterung für sein seelisches Unbehagen sucht. Wie sich immer wieder zeigt, sind unser Leben und unser Glück von den großen Sinnfragen nicht zu trennen. Und die Suche nach persönlichen Antworten wird gerade dadurch so dringlich, dass keine definitiven und für jeden gültigen Lösungen existieren. Das Bewusstsein unserer Sterblichkeit beispielsweise macht Zeit zu einem gewichtigen und vordringlichen Thema. Leute, die, wenn sie nicht gestorben sind, heute noch leben, gibt es nur im Märchen, so viel ist klar. Wir Übrigen fristen ein vergleichsweise kurzes Dasein und es bleibt uns nichts anderes, als die uns gegebene begrenzte Zeit möglichst gut zu nutzen.

Wovon wir uns Glück versprechen, das wünschen wir uns. Geld steht oft ganz oben auf der Liste, ungeachtet der Tatsache, dass sehr wohlhabende Leute nicht unbedingt glücklicher sind als andere. Zudem fantasieren wir, das Leben solle eine ständig und total aufregende Sache sein, finden es gar nicht schön, wenn sich auch das nicht verwirklicht. Wann immer überlegt wird, weshalb wohl manche Menschen Drogen nehmen, die letztlich ihr Leben zerstören, möchte ich einwenden, dass die Antwort doch sonnenklar ist: Die Droge gibt ihnen ein gutes Gefühl, das auf andere Art schwer zu erzeugen ist. Ich frage mich immer, ob die Leute, die tiefe, von menschlicher Wärme erfüllte Beziehungen für weit befriedigender halten, wirklich beides ausprobiert haben.

Das führt uns zum hartnäckigsten aller Fantasiegespinste, der vollkommenen Liebe. Hollywood hat einen erheblichen Anteil an der Züchtung dieser Schimäre, die vielen so unendlich erstrebenswert erscheint, meist aber mit Enttäuschung endet, weil sie in Wirklichkeit jemanden suchen, der sie erlöst, indem er ihnen die tiefste menschliche Sehnsucht erfüllt, die Sehnsucht nach uneingeschränkter Bejahung und bedingungslosem Rückhalt. Diese Suche führt selten zu den wirklich wichtigen Fragen: Was kann ich tun, um mir die Fähigkeit anzueignen, eine solche Liebe zu geben und zu empfangen? Stattdessen möchten wir uns in einer hingebungsvollen Liebe sonnen, die unsere Schwächen übersieht, möglichst sogar Geschmack an ihnen findet. Ein solches Glück ist, außer bei der Mutter, schwer zu finden und noch schwerer aufrechtzuerhalten.

Was ich damit sagen will, ist, dass wir das, was wir uns wünschen, vermutlich eher nicht bekommen, wenn wir unser Leben auf die kleinen und mittelgroßen Fragen ausrichten und die großen ausblenden. Wer ein Bild betrachtet (oder selbst malt), wird nicht viel sehen oder zustande bringen, wenn er sich ausschließlich auf den Vordergrund konzentriert. Die Dinge des Geistes bilden Hintergrund und Rahmen unseres Daseins. Wir können uns irgendeinem religiösen Dogma verschreiben und im Dunstkreis von Leuten bleiben, die auch so glauben, oder wir sehen uns auch anderswo nach vorläufigen Antworten um, die uns das Leben verständlicher machen, sodass wir es gemäß unseren eigenen tiefsten Wertvorstellungen leben können. Ob uns dafür ein Lohn im Himmelreich zuteil wird oder nicht, zumindest haben wir dann etwas, womit wir uns im Labyrinth des Alltags besser zurechtfinden können. Wirklich ratlos ist nur, wer zu abgestumpft, zu verängstigt oder zu sehr von den Dingen eingenommen ist, um die wirklich wichtigen Fragen zu stellen.

16

NICHT JEDER
TROST WIRKT

Was Kummer über einen schweren Verlust tatsächlich ist, lässt sich mit Worten allein nicht ausdrücken. Aber was hätten wir sonst, um uns anderen verständlich zu machen? Umgekehrt gibt es auch keine Patentlösungen, keine garantiert wirksamen Techniken, mit denen man einen Trauernden trösten könnte. Das liegt daran, dass unsere Reaktionen auf schwere Verluste so unterschiedlich sind wie unsere Gesichter und unsere Persönlichkeiten. Dinge, die man *nicht* sagen sollte, gibt es mit Sicherheit; Worte, die garantiert trösten, leider nicht. Die beste Chance besteht darin, einfach für den Trauernden da zu sein, ihm zuzuhören und seine Hilflosigkeit ungeschützt wahrzunehmen.

Es ist nicht gut, den Schmerz mit sich allein auszumachen. Doch leider sind die Menschen, die uns besonders nahe stehen und an die wir uns zuerst wenden würden, dann oft so sehr in ihrer eigenen Verlusterfahrung befangen, dass sie nur für sich selbst sorgen können und für uns ausfallen. Deshalb fühlen sich Kinder, die ein Geschwisterchen verloren haben, oft von ihren trauernden Eltern im Stich gelassen. Das erklärt auch zum Teil, weshalb so viele Ehen nach dem Verlust eines Kindes geschieden werden.

Der Tod ist unser großer Feind, er lacht unserem Wahn von Kontrolle Hohn und beweist allen ohne Unterschied ihre Ohnmacht. Selbst an Orten, an denen mit ihm gerechnet werden muss, in Hospizen und Pflegeheimen zum Beispiel, schreckt er uns. Wie viel mehr, wenn er im Entbindungsraum zuschlägt, genau da, wo doch alles auf Freude eingestellt ist. Da erst wird unser Mut wirklich auf die Probe gestellt.

Treffend nennen wir die Erwartung eines Kindes »guter Hoffnung sein«. Ein Kind wird uns lieben, wie nur ein Kind es kann, es trägt unsere Gene in die nächste Generation, es wird sich zu einem glücklichen Erwachsenen entwickeln, es wird für uns da sein, wenn wir alt sind. Selbst wenn wir es noch gar nicht kennen, ist es schon ein Teil von uns. Noch ungeboren, verändert es bereits das Bild, das wir von uns selbst und unserem Platz in der Welt haben. Ob es unser erstes ist oder nicht, dieses erwartete Kind nimmt jedenfalls sehr viel Raum in unserem Leben ein. Jetzt bereits betrachten wir es als unsere schönste Pflicht, es vor Schaden zu bewahren. Wir sehen es langsam und mit unserer Hilfe zu einem einzigartigen Menschen werden.

Während die Träume, die wir für das eigene Leben hegten, aufgrund unserer Erfahrungen mit der Welt schwanden und sich veränderten, sind die Wünsche für das ungeborene Kind grenzenlos. Solche Träume, die sich noch nicht in der Wirklichkeit bewähren mussten, existieren im Raum unbegrenzter Möglichkeit, wo Jugend und Schönheit regieren, wo kein Herz bricht, wo Alter nichts als Weisheit bringt und die Zeit nicht unser Feind ist.

Dieses Kind wird so hell glänzen, wie es uns nicht beschieden war. Es wird in der Schule gut sein. Es wird unter unserem Schutz leben, bis es selbst Kinder bekommt, unsere Enkel, die ebenfalls makellos geraten werden. Dieses Kind also ist von der Vollkommenheit eines Versprechens, das noch nicht eingelöst werden musste, und wir lieben es jetzt schon. Der Tag, an dem wir ihm schließlich begegnen, wird so viel Freude und Erfüllung bringen, wie es nur menschenmöglich ist.

Alles ist vorbereitet. Über der neu erworbenen Wiege prangt das bunte Mobile, auf dem Wickeltisch liegen die Windeln bereit. Die Wände wurden in beruhigenden Farben gestrichen, der Schaukelstuhl zum Stillen hat seinen Platz gefunden. Der Kindersitz, in dem das Baby von der Klinik nach Hause gefahren wird, ist installiert. Im Warteraum und am Telefon sitzen die Angehörigen bereit, um die Ankunft des neuen Familienmitglieds zu feiern.

Und dann … der eisige Schock eines unverhofften Todes und jäher, unvorstellbarer Schmerz. Danach, und schlimmer, das wachsende Bewusstsein, dass nichts mehr so sein wird, wie es war, dass uns dieser unwiederbringliche Verlust nie loslassen wird und wir bestenfalls auf ein halb betäubtes Nichtbegreifen hoffen können.

Von jetzt an wird unsere Identität im Wesentlichen die eines Hinterbliebenen sein. Verlassenheit und Verzweiflung rauben uns schier den Atem. Wenn das Herz jetzt stehen bliebe, denken wir, wäre es eine Erlösung.

Niemand lehrt uns, wie man mit solchem Kummer umgeht oder anderen beisteht, die einen solchen Verlust erlitten haben. Es scheint Menschen zu geben, die besser trösten können als andere, aber es ist ja auf allen Gebieten so, dass manche entsprechend begabt sind und andere nicht. Vielleicht aber können wir alle ein wenig besser darin werden, wenn wir die Vorgänge verstehen und wissen, was wir aufgrund unserer eigenen Lebenserfahrung einbringen können.

Verlust und Trauer sind von Mythen umgeben. Zunächst einmal müssen wir bei »Trauer« zwischen den in uns ablaufenden Gedanken und Gefühlen, also unserer Traurigkeit, und dem äußeren Ausdruck dieser Gedanken und Gefühle – dem, was man »Trauer tragen« nennt – unterscheiden. Das ist stark vom kulturellen Umfeld geprägt. Im heutigen Amerika lautet die Maxime: Bewältige es. Im bereits erwähnten *Diagnostischen und statistischen Handbuch* der Psychiatrie findet sich der folgende Satz: »Die Diagnose ›klinische depressive Störung‹ wird im Allgemeinen erst gestellt, wenn die Symptome zwei Monate nach dem Verlust immer noch vorhanden sind.« Anders ausgedrückt: Du hast zwei Monate zum Trauern, wenn du dann nicht wieder der Alte bist, hast du eine psychische Krankheit.

Ein weiterer populärer Mythos besagt, Trauerarbeit hielte sich an eine geordnete Abfolge. Er beruht auf den Aussagen Elisabeth Kübler-Ross' über den typischen Ablauf der Reaktionen auf eine schlimme Nachricht: Am Anfang steht Verleugnung, am Ende das Akzeptieren. In Wirklichkeit durchlaufen wir nach einem schweren Verlust alle möglichen widerstreitenden Gefühle in völlig unvorhersehbarer Reihenfolge. Und es gibt Verluste, mit denen wir zwar leben müssen, die wir aber nie ganz akzeptieren können.

Ferner herrscht der Irrglauben, tiefem Schmerz sei möglichst aus dem Weg zu gehen. Er lässt sich aber nicht vermeiden, und man kann ihn auch nicht überwinden – nur erleben. Eine »Behandlung« kann allenfalls darin bestehen, dass man den Leuten vermittelt, wie Angst, Verwirrung, Todessehnsucht oder andere äußerst quälende Gefühle zu ertragen sind. In der frühen Trauerphase glauben viele, sie würden den »Verstand verlieren«.

Hinterbliebene möchten wissen: »Wie lange werde ich mich so fühlen? Wo soll dieser grauenhafte Prozess bloß hinführen?« Tatsächlich verändert uns der Verlust eines geliebten Menschen für immer. Da gibt es, auch nach dem offiziellen Ende der Trauerzeit, keinen »Abschluss«. Nur die Schärfe des Schmerzes verliert sich ein wenig. Dean Koontz schreibt in seinem Buch *Sole Survivor*:

Die wenigen Male, die er bei den Zusammenkünften der Compassionate Friends (Mitfühlenden Freunde) gewesen war, hatte er andere trauernde Eltern vom Nullpunkt sprechen hören. Der Nullpunkt war der Augenblick des Todes ihres Kindes, der Beginn der Zeitrechnung für alles, was noch geschehen mochte, buchstäblich der Wimpernschlag, der alle deine inneren Zählwerke auf null zurücksetzt. Es war der Moment, in dem deine abgegriffene Schachtel mit Hoffnungen und Wünschen, die du bis dahin als Schatzkiste der schönsten Zukunftserwartungen gesehen hast, auf den Kopf gestellt und ins Bodenlose entleert wird und du mit null Erwartung zurückbleibst. Ein einziger Pendelschlag der Uhr und die Zukunft ist kein Reich der Verheißung mehr, sondern nur noch Joch und Pflicht, und allein die unwiederbringliche Vergangenheit bietet Lebensraum mit einem Hauch von Wohnlichkeit. Er lebte jetzt schon über ein Jahr am Nullpunkt, wo die Zeit in beiden Richtungen vor ihm zurückwich und er sich weder den kommenden noch den zurückliegenden Tagen zugehörig fühlte. Es war, als läge er in flüssigem Stickstoff, im Kälteschlaf.

Ein weiteres Kapitel der kulturellen Mythologie um Verlusterlebnisse entsteht durch das, was ich »billige Trauer« nenne. Wer einmal die schlimmste Form des Kummers erlebt hat, den Verlust eines Kindes, wird gleich erkennen, dass das Wort »unsagbar«, mit dem Ted Kennedy den Schmerz seiner Familie nach dem Tod von John F. Kennedy junior beschrieb, nur zu treffend ist.

Aber was sollen wir von den kollektiven Gefühlen halten, die nach dem Tod dieses jungen Mannes im ganzen Land bekundet wurden?

Ähnlich wie beim Tod von Prinzessin Diana kann man über die öffentlich geäußerten Gefühlen bei John F. Kennedy juniors Tod vor allem dies sagen: Sie waren ungemein sagbar. Wir sind mit Worten geradezu überschüttet worden, von den Moderatoren und sonstigen »Experten« ebenso wie von den Leuten auf der Straße, die es sich alle nicht nehmen ließen, in die Kamera zu sagen: »Für mich war er der Inbegriff von Stil und Haltung« oder »Es ist, als hätte ich einen Freund verloren«. In endlosen Widerholungen sahen wir immer wieder die gleichen Bilder des Kindes und des Mannes, und der einzige Zweck bestand darin, einen Schatten jenes Verlustgefühls heraufzubeschwören, das wir beim Tod seines Vaters empfunden hatten.

Im Grunde ist ja nichts dagegen zu sagen, dass man sich Prominenten – sogar jenen, die für nichts anderes als ihre Berühmtheit berühmt sind – emotional verbunden fühlt. Wer sie nur anhand von Bildern und durch Berichte über ihre Arbeit kennt, kann trotzdem eine starke, allerdings von keiner Realität getragene oder behinderte Verbundenheit mit ihnen spüren.

Für alle über fünfzig war der junge Kennedy der reizende Sohn eines Mannes, der einst unsere schönsten Hoffnungen verkörperte. Für die Jüngeren war er das Symbol einer die Schönheit und Jugend anbetenden Kultur, die nicht zwischen Ruhm und Leistung unterscheidet und ihre emotionalen Erfahrungen lieber säuberlich abgepackt aus Fernsehen und Kino bezieht. Und dieser Tod gehörte auch irgendwie in die Sparte »Unterhaltung«, eine Sensation, die manchem Gelegenheit zu ebenso heftiger wie kurzlebiger Trauer bot.

Sollte daran etwas falsch sein? Wenn die Leute sich in das Gefühl hineinsteigern, ihnen selbst sei mit dem Tod dieses Fremden etwas Schlimmes widerfahren, muss dieses Gefühl dann seicht oder unecht sein? Nun ja, für Menschen, die einen echten Verlust erlitten haben, stellt es sich zumindest als eine ziemlich folgenlose Trauer dar. Schon während noch die Tränen fließen, ist doch bereits klar, dass man das alles nach ein paar Tagen, spätestens Wochen, hinter sich hat und nicht mit diesem verwundeten Herz weiterleben muss, das einem bleibt, wenn man den Tod eines Menschen zu beklagen hat, der einem wirklich nahestand. Für jeden, der ein solches Leiden durchgemacht hat, klingt die öffentliche Trauer anlässlich des Todes eines Prominenten schon ein wenig hohl. Nachdem Kennedys Unfalltod bekannt wurde, konnte America Online von einer unglaublichen Frequenz der Publikumsreaktionen berichten: eine pro Sekunde. Die allermeisten brachten ein Gefühl »tiefer Betroffenheit« zum Ausdruck, häufig erweitert um Segenswünsche für die Familie und die etwas gedankenlose Hoffnung, alle unmittelbar Betroffenen mögen sich alsbald von diesem Schlag erholen. Würde jemand, der wirklich Trost spenden will, nicht anders vorgehen? Man hätte Briefe an die Menschen schreiben können, die Kennedy und die beiden mit ihm ums Leben gekommenen Frauen wirklich gekannt und geliebt hatten. So aber glich das Ganze eher einer selbstbeweihräuchernden Gruppentherapie nach der Devise: Wir sind ja so traurig und das spricht echt für uns.

Solche »Trauer« ist eigentlich eine Parodie auf das stumme, nicht bemerkte Vernichtungsgefühl derer, die Kinder, Geschwister, junge Eltern verloren haben. Wo bleiben hier die endlosen Schmerzen, die schlaflosen Nächte, die Gewissheit, dass in unserem ganzen weiteren Leben etwas unglaublich Wichtiges fehlen wird? Wo der unsagbare Kummer?

Das Menschsein bringt unweigerlich Verlusterfahrungen mit sich. Wer lange genug lebt, dem stehen viele Verluste ins Haus. Die natürliche Reaktion auf Verlust ist Kummer und der kann wie eine Depression aussehen: Traurigkeit, Tränen, herabgesetzte Energie, Schlaf-, Appetit- und Konzentrationsstörungen. Für eine Depression würde ein vermindertes Selbstwertgefühl sprechen. Nach dem Verlust eines geliebten Menschen sind wir traurig, unsere Selbstachtung bewahren wir uns allerdings im Allgemeinen.

Einem Menschen, der über längere Zeit oder immer wieder traurig ist, versuchen wir Hoffnung zu schenken. Und die eigenen Verlusterfahrungen und Enttäuschungen vergrößern unsere Fähigkeit, anderen Trost zu geben. Besonders empfindlich reagieren Hinterbliebene auf die Schlafmittelchen, die Ahnungslose ihnen tröstend einzuträufeln versuchen, Menschen, die nie einen niederschmetternden Verlust erleben mussten. Vom Ärger jener, denen in der schlimmsten Phase ihres Lebens gut gemeinte, aber kraftlose Tröstungen angedient werden, künden die entsprechenden Internetforen mehr als deutlich. Hier ein paar Beispiele, zusammen mit den Reaktionen Betroffener:

- Wo er jetzt ist, hat er es besser. (Aber ich bin nicht bei ihm.)
- Sie haben Glück, dass Sie noch andere Kinder haben. (Ich empfinde kein Glück.)
- Ich weiß, was Sie fühlen. (Haben *Sie* schon ein Kind verloren?)
- Was uns nicht umbringt, macht uns stärker. (Wieso merke ich davon nichts?)
- Gott lädt uns nicht mehr auf, als wir tragen können. (Das ist leicht gesagt.)
- Sie sind so stark; ich hätte das nicht geschafft. (Was bleibt mir denn anderes?)
- Sie können wieder schwanger werden. (Um das Kind selbst geht es also gar nicht?)

Kaum etwas verrät so viel über uns wie der Umgang mit Verlusten, seien es eigene oder die von anderen, die wir gern trösten würden. Ob wir anderen wirklich etwas zu geben haben, hängt ganz davon ab, wie wir zu Kummer und Trauer stehen. Wie wollen wir verzweifelten Menschen, die sich hilflos ausgeliefert fühlen, Trost spenden, solange wir nicht gelernt haben, auch unter der Last verheerender Schicksalsschläge nicht zusammenzubrechen? Um mit unserer Sterblichkeit ins Reine zu kommen, greifen wir alle auf unsere religiösen oder philosophischen Überzeugungen zurück. Und für die Menschen, denen wir gern helfen würden, können wir nur dann etwas tun, wenn sie ähnliche Überzeugungen haben. Man muss keiner bestimmten Doktrin anhängen, aber es ist gut, wenn man an irgendetwas glaubt, sei es auch nur an die Würde des menschlichen Geistes.

Sterblich sein heißt, die Last der Zeit und des Schicksals tragen zu müssen. Lasten gemeinsam tragen – damit helfen wir nicht nur den Menschen, denen wir gern etwas abnehmen würden, sondern auch uns selbst. Es geschieht in einer Atmosphäre von Schmerz und Hoffnung zugleich, der Hoffnung, dass wir uns so auch das Schöne erschließen, das ebenfalls zu den Geschenken des Lebens gehört.

17

ALLES HÄNGT MIT ALLEM ZUSAMMEN

Dass wir uns und geliebte Menschen zu schützen versuchen, versteht sich von selbst. Also versuchen wir unser Leben so einzurichten, dass natürliche oder vom Menschen gemachte Bedrohungen draußen bleiben. Wir bauen Häuser nicht in Überflutungsgebieten (meistens jedenfalls); wir wählen, wenn es geht, Wohngegenden mit niedriger Kriminalität; wir lassen unsere Kinder gegen ansteckende Krankheiten impfen; wir schließen die Haustür ab und installieren eine Alarmanlage; wir erwarten, dass unsere Nahrungsmittel behördlich geprüft und die Sicherheitsstandards unserer Autos überwacht werden; wir legen den Gurt an, tragen Sunblocker auf und lassen das Rauchen sein; wir verschaffen uns ausreichend Bewegung und überwachen unseren Blutdruck.

Bei all diesen Bemühungen um Selbstschutz fällt uns jedoch auch auf, dass es vollkommene Sicherheit nicht gibt, ja dass alle einzelnen Sicherheitsprogramme zusammen eine Welt geschaffen haben, in der wir stärker gefährdet sind als je zuvor. Irgendwie haben sich unsere individuellen Bedürfnisse und Wünsche zu einem Gesamtergebnis ergänzt, das uns mehr fossile Brennstoffe denn je verbrauchen lässt, sodass unsere Atemluft immer schlechter wird und die polaren Eiskappen schmelzen. Dennoch machen wir so weiter und sorgen uns um vergleichsweise exotische Bedrohungen wie Gewaltverbrechen, Rinderwahnsinn, Vogelgrippe und Terroranschläge.

Unser Überleben auf diesem Planeten hängt aber davon ab, dass wir uns als Hüter der Erde verstehen und uns endlich klarmachen, dass Zerstörung viel einfacher ist, als etwas zu erschaffen und zu erhalten. Jedem Jugendlichen kann man in ein paar Wochen beibringen, Menschen abzuschießen und irgendwelche Einrichtungen in die Luft zu jagen. Die Ausbildung in der Bewahrung des Lebens dauert etwas länger.

In der heutigen Welt haben viele unserer Entscheidungen sofortige Folgen. Wenn wir dies kaufen, können wir uns jenes vielleicht nicht mehr leisten; wenn wir uns jetzt ein Schlückchen genehmigen, fühlen wir uns gleich besser; wenn wir schneller fahren, kommen wir früher an; wenn wir ein größeres Haus kaufen, werden die Leute Augen machen. Unser Denken ist verdächtig kurzfristig geworden. Längerfristige Planung, zum Beispiel für die Zeit nach dem Ausscheiden aus dem Berufsleben, verlangt einen Aufwand, zu dem sich viele nicht entschließen können. Da ist es natürlich schwierig, von den Leuten zu verlangen, dass sie sich überlegen, was für eine Erde sie ihren Kindern und Enkeln hinterlassen wollen.

Die großen Bedrohungen der Menschheit haben wir in der Hauptsache unserem Bestreben zu verdanken, die Welt nach den Erfordernissen rascher Bedürfnisbefriedigung zu verbiegen. Genau das ist die Philosophie der Konsumgesellschaft. Die Botschaften, mit denen die Werbebranche uns zuschüttet, sagen alles. Da werden uns pausenlos Leute vorgeführt, die eindeutig mehr vom Leben haben als wir. Sie sind jünger und attraktiver, haben mehr Freunde und offenbar Freizeit bis zum Abwinken. Und wie können wir gleichziehen? Durch Geldausgeben natürlich. Unser Leben wird sich drastisch zum Besseren wenden, wenn wir uns ein schickeres Auto und die angesagten Markenklamotten zulegen, die richtige Magensäurebremse einnehmen, zehn Kilo abspecken und uns diese unansehnlichen Falten endlich mal wegmachen lassen.

Die meisten von uns wissen sehr wohl, dass wir es mit unserem Aussehen und dem, was wir sonst noch zu bieten haben, nie in ein Prominentenmagazin schaffen werden. Zufrieden macht uns dieses Wissen nicht. Das Leben in einer Welt, in der die meisten anderen glücklicher zu sein scheinen, ist hart. Daraus entsteht eine Wegwerfgesellschaft, die das »neue und verbesserte« Modell von einfach allem zum Inbegriff der Erfüllung macht – einer Erfüllung, die sie folglich immer vor sich herschiebt. In dieser Geistesverfassung müssen Habgier und Neid das Bild bestimmen. Und die werden nicht ohne Grund Todsünden genannt.

Wenn die Jagd nach dem Allerneuesten der Antrieb dieser Konsumkultur ist, muss mit besorgniserregenden Nebenwirkungen gerechnet werden, zum Beispiel mit der deutlich wahrnehmbaren Belastung der Umwelt, in der wir ja leben müssen und die letztlich auf die Qualität dieses Lebens durchschlagen wird.

Würden wir uns ohne die hohe Abhängigkeit von ausländischem Öl nicht viel wohler fühlen? Würden wir mit dem Rest der Menschheit nicht viel besser auskommen, wenn unsere Außenpolitik nicht so weitgehend von unserem Energiebedarf bestimmt würde? Was wäre ein jeder von uns zu tun (oder zu opfern) bereit, um unsere Abhängigkeit auf dem Energiesektor zu reduzieren? Solche Fragen wären sinnvoller als all die Dinge, über die wir gegenwärtig grübeln. Vor allem in den USA handeln wir im Augenblick eher so, als wären wir in erster Linie von Angst getrieben. Warum hassen uns die Islamisten so? Wie können wir mehr von ihnen ausschalten? Wie viel Folter ist zum Selbstschutz gerechtfertigt? Dass zwischen dem hemmungslosen Verbrauch natürlicher Ressourcen und der Neigung, nationalen Interessen mittels Kriegen Geltung zu verschaffen, eine Verbindung besteht, springt vielleicht nicht unmittelbar ins Auge. Aber zeigt das Leben uns nicht immer wieder, dass alles mit allem verbunden ist? Das gehört auch zu den großen Wahrheiten der Psychotherapie. Erst wenn wir die Rationalisierungen weglassen, die uns von jeglicher Verantwortung entbinden sollen, begreifen wir wirklich, dass wir in allen Bereichen unseres Lebens immer dieselben sind: Der KZ-Wächter kann sich nicht damit herausreden, dass er zu Hause ein guter Ehemann und Vater ist.

In Vietnam war unter den Soldaten ständig die Rede davon, was man tun würde, wenn man erst wieder in »die Welt« zurückgekehrt sei – als hätte das, was sie da taten, nichts mit ihrem übrigen Leben zu tun. Erst später, in den Alpträumen und zerbrochenen Beziehungen, ging ihnen die Kurzsichtigkeit dieser Annahme auf.

Das gilt für dieses ganze Land, nicht nur für seine Soldaten. Das Konsumieren, Verschwenden, Verschmutzen muss seinen Preis haben. Im gleichen Sinne können wir andere nicht einfach bombardieren oder foltern oder ihre Rechte mit Füßen treten, ohne uns dadurch selbst das Wasser abzugraben. Menschen, die in Angst leben, neigen erfahrungsgemäß nicht zu klugen Entscheidungen. Deshalb brauchen wir Politiker und Militärs, die sich Gedanken über die Folgen eines Krieges machen, bevor sie sich auf ihn einlassen. Wir müssen darauf vertrauen können, dass ihre Entscheidungen wohlbedacht sind und dass sie uns reinen Wein einschenken.

Gewaltanwendung hat ihren Platz, solange es darum geht, uns vor unrechtmäßigen Übergriffen zu schützen. Wenn aber Gewalt nicht die Ultima Ratio, sondern eine Art Reflex ist, ein von unseren tiefsten Ängsten diktiertes unüberlegtes Reagieren, ziehen wir Risiken auf uns, die den Risiken der von uns Angegriffenen in nichts nachstehen. Ein seiner Absicht nach vor allem destruktives Unternehmen wird uns kaum mehr Sicherheit bringen. Gewalt ist verlockend, scheint sie doch – wie alle Lösungen der schlichteren Art – kurzfristig ihren Zweck zu erfüllen. Wer tot ist, kann uns nichts mehr tun. Was aber, wenn dieses ach so praktische Töten *uns* irgendwie tief greifend verändert? Was, wenn wir Unschuldige töten? Was, wenn uns dieses Töten denen ähnlich macht, die wir hassen? Jonathan Schell schrieb seinerzeit über die Reaktionen Amerikas auf die publik gewordenen Bilder des Massakers von My Lai:

Ob wir dem Schmerz standhalten oder erstarren, das Massaker ist jedenfalls in uns, Teil unserer selbst. Es fordert Selbsterforschung, es verlangt, dass etwas getan wird, und wenn wir uns taub stellen und weiterzumachen versuchen, als wäre nichts gewesen, wird dieses Wissen, das wir mit keinem Mittel je wieder loswerden, unmerklich eine schlimme Veränderung in uns bewirken: Es wird die besten menschlichen Qualitäten in uns abstumpfen und unsere Seele verholzen lassen. Denn wenn man uns beibringen kann, so etwas hinzunehmen, gibt es nichts mehr, was wir nicht hinnehmen werden.

18

Man kann sich ändern, ohne sich abzulehnen

Neulich war ich wieder einmal in West Point, mein damaliger Kurs feierte sein Fünfundvierzigjähriges. Wir Teilnehmer des Lehrgangs von 1960 sind jetzt siebenundsechzig Jahre alt. Wir haben eine Menge miterlebt: das Jahrzehnt der Mondlandung und den Vietnamkrieg, das Ende des 1956 aufgenommenen Kalten Krieges, die Geburt des Internets und die Wüstenkriege. Wir sind ein erstaunlich bunter Haufen. Nur etwa die Hälfte wählte die militärische Laufbahn. Die Übrigen waren in zivilen Berufen tätig – Geschäftsleute, Ingenieure, Anwälte, sogar ein oder zwei Dichter. Wir waren damals 550 Absolventen, davon sind zweiundachtzig inzwischen gestorben, der erste unmittelbar nach dem Abschluss bei einem Autounfall, der letzte zwei Wochen vor dem Treffen an Lungenkrebs. Zwölf sind in Vietnam gefallen. Wie man sich denken kann, nimmt die Sterberate jetzt schnell zu.

Es war nach all den Jahren ein gutes Gefühl, wieder einmal in der Zitadelle unserer Jugend und Kraft zu sein. Äußerlich hat sich nicht viel verändert. Die Granit-Unterkünfte (trotz ihrer soliden Bauweise »Baracken« genannt) wurden erweitert, um mehr Kadetten aufnehmen zu können. Die protestantische Kapelle auf dem Hügel beherrscht nach wie vor das Bild. Es gibt neue Gebäude und das Footballstadion wurde verbessert, die Mannschaft allerdings soll schlechter geworden sein. Bei der Parade macht das Kadettenkorps nach wie vor den Eindruck einer vorzüglich ausgebildeten Einheit, wobei der Anblick marschierender, ja sogar Kompanien und Bataillone führender Frauen für die älteren West-Point-Absolventen mit ihren überholten Männlichkeitsvorstellungen etwas gewöhnungsbedürftig ist.

Wie viel sich hier wirklich geändert hat, stellte sich aber erst am Freitag beim geselligen Abend in der Eisenhower Hall heraus, als der Komiker Jon Stewart vor Hunderten von begeisterten Kadetten seine Show abzog.

Der historische Zweig der Akademie sammelt Aussagen und Schilderungen von Absolventen, die Kampfeinsätze hinter sich haben. Anscheinend geht es darum, heutigen Kadetten etwas zu vermitteln, was sie in künftigen Kriegen nutzbringend anwenden können. So kam es dazu, dass mich ein ernsthafter junger Major in einem Interview über meine Erfahrungen als Regimentsarzt in Vietnam befragen wollte. Er hatte mir sogar vorab schon Fragen zugeschickt. (Muster: »Wie können sich heutige Kadetten auf ihren Einsatz als Offiziere in ungewohnter Umgebung vorbereiten?«) Mir lag anderes mehr am Herzen: Was tut ein Soldat, wenn er merkt, dass die Begründungen für den Krieg, in den er geschickt wurde, nichts mit dem zu tun haben, was vor Ort tatsächlich geschieht?

In Vietnam hatten wir angeblich vor, »die Herzen der Menschen zu gewinnen«, aber ich stellte bald fest, dass wir diese Menschen sehr abschätzig behandelten, und nicht nur indem wir sie verächtlich »Gooks« oder »Dinks« nannten. Als Arzt hatte ich auch Gefangene zu behandeln, die beim Verhör gefoltert worden waren. Von einem Geheimdienstoffizier wurde ich aufgefordert, Kriegsgefangenen Succinylcholin zu verabreichen, um die Atemmuskulatur vorübergehend zu lähmen; das mache sie beim Verhör erheblich kooperativer. So etwas konnte ich nicht gutheißen und schon nach einem halben Jahr ließ ich während einer feierlichen Kommandoübergabe einen öffentlichen Protest los. Ich wurde wegen »unwürdigen Verhaltens« festgenommen und damit war meine Karriere als Militärarzt beendet.

Es war seit meiner Rückkehr aus Vietnam vor sechsunddreißig Jahren das erste Mal, dass West Point sich dafür interessierte, was ich damals erlebt hatte. Und so erzählte ich dieser Videokamera eine Stunde lang, so viel ich nur konnte, von all dem, was ich damals gesehen, getan und gelernt hatte. Viel Rat für Kadetten hatte ich nicht parat. Ich erzählte einfach meine Geschichte und forderte sie auf, sich klarmachen, wer sie waren, wie weitgehend die Übereinstimmung zwischen ihrem innersten Wesenskern und der Erfüllung ihrer Pflicht war, wofür sie standen und wofür nicht. Ich weiß nicht, ob je ein Kadett das Video sehen wird, aber für mich war dieses Interview wichtig, der Rechenschaftsbericht eines Mannes, der vor einem unlösbaren Konflikt gestanden hatte: zwischen meiner Loyalität gegenüber der Army und meinen tiefsten Überzeugungen über die Rolle eines Arztes, eines patriotischen Amerikaners und eines freien Menschen auf dieser Erde.

Doch das änderte alles nichts an meiner tiefen Verbundenheit mit West Point, denn ebendort war mir die Bedeutung von Ehre und Pflichterfüllung vermittelt worden, die Wertvorstellungen, die ich dann umzusetzen versuchte, auch auf Kosten meiner gesamten Zukunftsplanung.

An dem Nachmittag, an dem ich nach West Point aufbrach, erhielt ich eine E-Mail von der Mutter eines jungen West-Point-Absolventen, der jüngst in Südasien ums Leben gekommen war. Sie hatte ein Buch von mir gelesen und wünschte sich Trost in ihrer Trauer. Ich schickte ihr ein Gebet, das ich nach dem Tod meines sechsjährigen Sohnes für andere Eltern mit ähnlichem Schicksal geschrieben habe:

Mögen wir alle Frieden in der gemeinsamen Hoffnung finden, dass unsere Kinder, die uns in ihrem kurzen Leben so viel Freude geschenkt haben, jetzt eine himmlische Heerschar sind, dass sie uns auch jetzt lieben und unsere Liebe spüren und auf uns warten und sich für immer in unserem Herzen geborgen wissen.

Während des Treffens in West Point gab es auch einen Gedenkgottesdienst für die bereits Verstorbenen, die alle beim Namen genannt wurden. Wir beteten für ihren ewigen Frieden und sangen die Hymne der Akademie. Wir lauschten einem nicht mehr aktiven General, der der Verstorbenen mit Klischees von Ehre, Pflicht und Freiheit gedachte – so unvermeidlich, wie es für diese heldenhaft oder auch ganz prosaisch gestorbenen Männer belanglos war, deren Gedanken und Ängste in jenem tödlichen Augenblick vermutlich wenig mit dem Banner des Patriotismus zu tun hatten, in das wir ihre Seelen hier gerade einschlugen.

In der Kapelle von West Point dachte ich wie vor der schwarzen Granitmauer in Washington an die in Vietnam Gefallenen meines Jahrgangs, ewig jung, unsterblich in meinem sterblichen Bewusstsein. Sie müssen nicht alt und gebrechlich werden wie wir Übrigen. Vielleicht haben sie am Ende doch das bessere Los gezogen. Aber was ist mit den ungesungenen Liedern, den ungeborenen Kindern und Enkeln, den Freuden einer langjährigen Liebe in Friedenszeiten? Das blieb ihnen verwehrt.

Der Kreis will sich anscheinend nie schließen. Sterben nicht auch heute junge Menschen aus Gründen, die in fünfundvierzig Jahren Anlass geben werden, ihrer achtungsvoll und bedauernd zu gedenken?

19

SINN NÄHRT
DIE SEELE

Eine der stärksten Triebkräfte für unsere Arbeit ist wohl der Wunsch, einen Fußabdruck zu hinterlassen: ein Zeichen, dass wir hier gewesen sind.

Bei all den Menschen, die zur Behandlung in die Praxis kommen, verliert man sich leicht im medizinischen Kreislauf von Diagnose und Behandlung. Depression und Angst, die beiden häufigsten Gründe für den Gang zum Psychiater, sind nicht schwer zu erkennen. Die Tatsache, dass wir heute über Medikamente verfügen, die den Menschen solche Lasten wirklich erleichtern können, kann aber vergessen machen, dass Glück mehr ist als das.

Ich sage den Leuten oft, das Medikament, das ich ihnen geben werde, sei nur dazu da, ihnen die Last der Depression zu erleichtern – die bleierne Schwere, die schwarze Wolke, die Beinfesseln, die dem Leben alles Schöne nehmen, die schweren Nächte, die mühsamen Beziehungen, in denen die schlichten Freuden der Kameradschaft und Nähe fehlen. Für viele ist das schon mehr Hilfe, als sie sich je erträumt hätten. Die Linderung lange erduldeter Schmerzen ist etwas, das man sicher jedem gönnt, und die Menschen sind dankbar. Für viele ist es wie die Entlassung aus der Gefangenschaft in die Freiheit, nur fragt sich: frei wofür?

Denn Lust ist nicht die Abwesenheit von Schmerz, und Gesundheit ist nicht die Abwesenheit von Krankheit. Glück liegt in dem, was wir tun, und mit wem. Darüber hinaus konfrontiert unsere Sterblichkeit uns mit der Sinnfrage. Wozu ist dieses tägliche Ringen gut? Die meisten von uns haben heute Zeit genug, sich einmal zu fragen, was uns bei der Arbeit und beim Spiel treibt.

Die simple Gleichsetzung von Arbeit und Konsum wirkt ein wenig leer. (»Ich kaufe, also bin ich.«) Wer ist schon jung oder reich genug, um mit den zum Zwecke der Umsatzsteigerung kreierten Ikonen mithalten zu können? Niemand ist gegen solche Einflüsse gefeit; nur zu leicht unterliegen wir der in ihnen transportierten Oberflächlichkeit. Und die verstörenden Bilder von Wühltischen mit Superschnäppchen, an denen wahrhaftig Menschen niedergetrampelt werden, sprechen eine deutliche Sprache.

Die Frage nach unserem persönlichen Wert taucht im täglichen Leben immer wieder auf, wird jedoch selten formuliert. Besonders sichtbar wird das an denen, die »aus dem Arbeitsleben ausgeschieden« sind. Wir definieren uns so sehr anhand unserer Arbeit, dass wir ohne sie unsere Identität zu verlieren drohen. Wenn uns nichts anderes mehr Halt bietet, besteht die Gefahr, dass wir gänzlich verschwinden und für die, die noch »Leistung erbringen«, unsichtbar werden. Dann ist es die Familie, die uns am ehesten noch das Gefühl eines sinnvollen Lebens vermittelt. Aber in unserer Gesellschaft ist das Alter so sehr abgewertet worden, dass selbst die familiären Bindungen mit Fragen des geistigen und körperlichen Niedergangs befrachtet werden.

Die Grundlagen für diesen beklagenswerten Zustand legen wir durch die Entscheidungen, die wir in jüngeren Jahren treffen. Manche Arbeit wird schnell langweilig und unbefriedigend und lässt uns dann in unserem Job kaum noch etwas anderes sehen als ein Mittel zum Zweck: Man lebt halt davon und freut sich ansonsten auf die Freizeit, die allerdings meist ebenfalls wenig zu dem Gefühl beiträgt, dass wir persönlich etwas zählen. Mit einem Wort, wir hungern nach Sinn.

Dieses Sinnvakuum erklärt nach meiner Überzeugung unseren Hang zur organisierten Religion. Ohne ein Gefühl von Sinn und Befriedigung, von vagen Zweifeln geplagt, ob unser Leben überhaupt eine Bedeutung hat, und schließlich auch noch von der Ahnung beschlichen, der Tod könne endgültig sein, suchen wir hilflos nach Erklärungen für dieses Dasein und greifen nach allem, was uns die Sicherheit verspricht, der tägliche Kampf sei doch zu irgendetwas gut. Und wie sich herausstellt, kostet diese tröstliche Sicherheit – dass wir nicht allein vor dem Mysterium von Leben und Tod stehen und uns am Ende die Erlösung winkt, wie unglücklich uns das Leben auch bis dahin gemacht haben mag – nicht mehr, als sich an ein paar gottgegebene Regeln zu halten und uns regelmäßig mit anderen Gläubigen zu treffen, die diesen Glauben bekräftigen.

Aber religiöser Glaube ist nicht das Einzige, was Sinn stiften kann. Wir können auch die Welt und ihre Menschen verehren, wir können die Ungewissheit als den kennzeichnenden Zug dieser Welt bejahen, wir können auf das Beste in uns setzen und darin unsere Engel sehen. Vor allem aber wird es uns guttun, hinsichtlich unserer Vorstellungen von einem einwandfreien Leben mehr Zurückhaltung und Bescheidenheit zu zeigen und auch die Menschen gelten zu lassen, die ruhig, aber bestimmt eine andere Meinung vertreten. Wer seine eigene Seele retten kann, was auch immer das für jeden Einzelnen bedeuten mag, hat damit Großes geleistet.

20

WIR SIND NICHT DAFÜR GEMACHT, ALLEIN ZU LEBEN

In weniger als der Hälfte aller amerikanischen Haushalte leben Ehepaare. Kein Zweifel, viele Menschen wählen andere als die traditionellen Formen des Zusammenlebens. Für manche ist das eine Zwischenlösung und eigentlich suchen sie doch die feste Bindung. Andere haben sich anscheinend für das Singledasein entschieden.

Am meisten Beachtung finden Singles zwischen zwanzig und dreißig. Da besitzen sie noch gehörig Unterhaltungswert als Leute, die es mit dem Heiraten nicht so eilig haben, sondern erst noch alles genießen wollen, was ihre Cliquen an Kurzweil hergeben. Bei den Singles, die in meine Praxis kommen, ist es mit dem Glamour nicht so weit her. Sie sind bereits mittleren Alters und müssen nach dem Scheitern langjähriger Ehen mit einem ungewollten Singledasein zurechtkommen, in dem sie sich so gar nicht auskennen.

Ob man verlassen wird oder den anderen verlässt, der Zusammenbruch einer Beziehung, von der man sich über Jahre eine Menge versprochen hat, ist immer sehr schwierig. Dass so etwas auch zu einer finanziellen Katastrophe geraten kann und im Umgang mit den Kindern vieles erschwert, macht den seelischen Verlust nur noch schlimmer und erklärt, weshalb so viele Menschen lieber in unglücklichen Ehen darben.

Unsere Vorstellungen sind noch davon beherrscht, dass Menschen paarweise vorkommen, und so kann mit dem Singledasein ein gesellschaftliches Stigma verbunden sein. Jenseits eines bestimmten Alters jedenfalls beginnt man an seinem Marktwert zu zweifeln. Man fängt an, sich nach organisierten Formen der Partnersuche umzusehen. Die Partnerbörsen im Internet sind heute schon ein Multimillionengeschäft. Für ganz Eilige, denen die Zeit oder der Nerv für eine traditionelle Kontaktaufnahme fehlt, gibt es inzwischen Begegnungsformen, bei denen sich angeblich sehr viel schneller herausstellt, ob die »Chemie« stimmt, zum Beispiel »Speed-Dating« und – ganz aktuell – »Silent Dating« (dabei werden in einer Gruppe von Partnersuchenden nur schriftliche Notizen ausgetauscht) sowie schließlich »Dating in the Dark« (wo eine Gruppe von Aspiranten bei völliger Dunkelheit gemeinsam ein mehrgängiges Menü einnimmt, bei dem man sich unterhält, ohne auch nur das Geringste von den Gesprächspartnern zu sehen; die Kellner tragen Nachtsichtgeräte). Das Reality-TV wiederum führt uns die Suche nach der großen Liebe als eine Art Kontaktsport vor.

Auch für überzeugte, sogar für militante Singles gibt es im Internet Gruppierungen, in denen man sich gegenseitig Rückhalt bietet. Hier wird die Meinung vertreten, man könne auch als allein lebender Mensch durchaus vollständig sein und müsse sich dem allgemeinen »Paarzwang« nicht unterwerfen. Ein Netzwerk Gleichgesinnter scheint aber doch erforderlich zu sein.

Überall geht es um die Frage, was Glück ist und auf welchen Bedingungen es beruht. Von vielem verspricht man sich Glück: von finanzieller Sicherheit, sinnvoller Arbeit, erfüllter Freizeit, von Freundschaften, am häufigsten jedoch von einer langfristigen intimen Beziehung, meist, aber nicht unbedingt, zu einer Person des anderen Geschlechts.

Auch in einem Alter, in dem es nicht mehr wünschenswert oder möglich ist, Kinder zu zeugen, bleibt das Verlangen nach intimer Zusammengehörigkeit stark. Nur wenige fühlen sich allein über längere Zeit wohl, und die wenigen brauchen dann etwas anderes, was ihrem Leben Sinn gibt, etwa Religion oder Abenteuer aller Art.

Der Wunsch, zu lieben und geliebt zu werden, begleitet uns mehr oder weniger ständig. Wenn dies zu lange fehlt, verlieren wir den Mut und verbittern. Wenn ein Ehepartner stirbt, kann das Gefühl der Liebe und Treue beim Zurückbleibenden noch viele Jahre weiterexistieren. Nach außen hin besteht zwar keine reale Paarbeziehung mehr, aber wenn der Kummer einmal überwunden ist, leben manche dieser Menschen ganz zufrieden mit ihren Erinnerungen und der Hoffnung auf Wiedervereinigung weiter. Nach einer Scheidung ist das eher ungewöhnlich; hier herrschen in den meisten Fällen Gefühle des Scheiterns vor und man konzentriert sich auf alles, was man dem anderen nachträgt. Gescheiterte Liebe fühlt sich nicht immer besser an als gar keine Liebe.

Alles in allem gibt es sehr wenige Menschen, die nicht gern in einer Paarbeziehung leben würden – trotz aller gegenteiliger Beteuerungen wie »Ich bin Single und stolz darauf«. Vielleicht funktionieren wir als Single ganz gut, leisten bei unserer Arbeit Beachtliches und pflegen freundschaftliche Beziehungen, die uns viel geben. Trotzdem steckt hinter unserem Verlangen nach *einem* anderen, der uns besonders viel bedeutet, mehr als bloß gesellschaftlicher Druck oder das ängstliche Drängen der Eltern.

Dieses Verlangen ist auf mehr als bloß Kameradschaft aus. Wir möchten uns in den Augen eines Menschen gespiegelt sehen, der uns als unverzichtbar empfindet. Was wir also suchen (und selten finden), ist bedingungslose Liebe. Es ist schon viel darüber diskutiert worden, ob das nicht ein unrealistischer Anspruch an einen Erwachsenen ist, dessen Kind wir nicht sind. Meist haben wir uns mit weniger oder auch viel weniger zu begnügen. Die meisten intimen Beziehungen haben, vor allem nach längerer Zeit, eher etwas von einem Vertragsverhältnis, in dem man sich mehr oder weniger freundschaftlich auf ungeschriebene Abmachungen über gegenseitige Dienstleistungen einigt.

Das war in früheren Zeiten ganz klar zu erkennen: Der Mann stellte sein Einkommen zur Verfügung und von der Frau wurde dafür erwartet, dass sie sich um den Haushalt und die Kinder kümmerte. Dieses Arrangement deckte die Bedürfnisse nach menschlicher Nähe und regelmäßigem (wenn auch nicht unbedingt aufregendem) Sex ab und ließ eine wirtschaftlich tragfähige Zweierbeziehung entstehen, die ein stabiles Umfeld bildete, in dem Kinder aufwachsen konnten – den eigenen Erwartungen und denen der Gesellschaft entsprechend. Mit der Einführung zuverlässiger Verhütungsmittel und der wachsenden ökonomischen Unabhängigkeit der Frauen, die in der Folge ihre Kinderwünsche aufzuschieben begannen, um erst einmal beruflich Fuß fassen zu können, kam an der Ehefront einiges ins Rutschen. Von Männern wurde zunehmend eine Beteiligung an der Hausarbeit erwartet und die Frauen, die jetzt nicht länger in der ökonomischen Falle saßen, wollten an allen Entscheidungen beteiligt werden. Dann wurde das Scheidungsrecht gelockert, die Scheidung insgesamt entstigmatisiert und auf einmal sahen immer mehr Männer und Frauen nicht mehr ein, weshalb Leute, die einander nicht mehr mochten oder achteten, weiter zusammenleben sollten. Allerdings nahm zuerst nicht die Zahl der Singles zu, sondern die der Zweit- und Drittehen.

Viele der scheinbar so guten Ideen der sechziger Jahre erwiesen sich dann doch als undurchführbar – das Kommunenleben zum Beispiel, das aller Eifersucht ein Ende machen sollte; aber auch Eheverträge, in denen die Pflichten beider Partner festgeschrieben wurden; oder das Versprechen zusammenzubleiben, »solange wir beide uns lieben«. Man hört das nicht mehr oft, auch nicht von Leuten, die ihr Eheversprechen selbst verfassen. Offenbar werden unbefristete Versprechen bevorzugt, die dann allerdings nur in der Hälfte aller Fälle gehalten werden.

Zu fordern, es sollte anders sein – wir sollten alle uns selbst genügen, uns mit Freunden umgeben und uns so viel unverbindlichen Sex verschaffen, wie wir brauchen, ohne unsere Beziehungen unnötig mit so etwas wie Ehe zu belasten – bringt nichts. Logik hat mit dem Wunsch nach einem anderen Menschen, der uns ewige Liebe verspricht und es auch so meint, offenbar wenig zu tun. Wenn es dann doch nicht ganz so lange hält, haben wir uns wenigstens eine Zeit lang »normal« gefühlt. Und dann können wir es ja erneut versuchen.

21

Dummheit kennt keine Grenzen

Wir geben so viel auf die Vernunftbegabung des Menschen. Sie zeichnet uns vor allen anderen Lebewesen aus, glauben wir. Wieso aber klingt der öffentliche Diskurs in den Vereinigten Staaten dann nach einem Debattierklub für Schwachsinnige?

Nehmen wir ein besonders lang und heiß umstrittenes Thema, das 2001 in einem Gerichtsgebäude aufgestellte Granitmonument der Zehn Gebote, das zwei Jahre später auf gerichtlichen Beschluss (und gegen den Willen der großen Bevölkerungsmehrheit) wieder entfernt werden musste. Es kostet schon einige Mühe, im Streit zwischen christlichen Fundamentalisten und uns Übrigen eine legitime verfassungsrechtliche Debatte über, sagen wir, die Freiheit der Religionsausübung oder die Trennung von Staat und Kirche zu sehen.

Fangen wir mit den streitbaren Befürwortern oder besser Anbetern des Monuments an. (Ein besseres Beispiel für das Prinzip des Goldenen Kalbes dürfte schwer zu finden sein. Wo ist dieser Moses, wenn man ihn am dringendsten braucht?) Einer, der wie ich die Militärakademie West Point absolviert hat, Roy Moore, oberster

Richter des Alabama Supreme Court, ließ die 2,6 Tonnen schwere Plastik in der Lobby des Justizgebäudes von Montgomery aufstellen (nach ihrer Entfernung ist sie jetzt per Tieflader auf Tournee im ganzen Land). Moore zufolge sind die Zehn Gebote »die moralische Grundlage des amerikanischen Rechts«. Was könnte abwegiger sein!

Sieben der Zehn Gebote weisen kaum Berührungspunkte mit dem amerikanischen Recht auf. Töten, stehlen und falsches Zeugnis sind unter Strafandrohung gestellt, aber das Fluchen, die Bilder, die Begehrlichkeit, der Ehebruch und das Ehren der Eltern kommen nur als Ermahnungen vor. Sie wurden nie zum Gegenstand neuzeitlicher Gesetzgebung. Für Christen (und Juden) steht natürlich ganz obenan: »Ich bin der Herr dein Gott, du sollst keine anderen Götter haben neben mir.« Das lautet für Muslime so: »Es gibt keinen Gott außer Allah und Mohammed ist sein Prophet.« Was nun? Für den wahren Gläubigen irgendeiner dieser Traditionen gilt nämlich, dass man entweder das Gebot akzeptiert oder verloren ist.

Den aktiv an der Bürgerrechtsbewegung beteiligten Menschen gab der Glaube den nötigen Mut und die moralische Gewissheit, die sie brauchten, um sich gegen die Kräfte der Rassentrennung zu stellen, die ihrerseits, denken wir nur an den Ku-Klux-Klan, das Christentum so auslegten, dass es ihnen Argumente für den Kampf *gegen* die Rassengleichheit lieferte.

Die Menschen, die sich am Gerichtsgebäude von Montgomery versammelten, um ihren Widerstand gegen die Entfernung der steinernen Zehn Gebote zu bekunden, sind die geistigen Erben der Rassentrennungs-Befürworter, was schon daran zu erkennen ist, dass sie die Kriegsflagge der Südstaaten-Konföderation bei sich führten. Im Unterschied zu den alle berücksichtigenden, gewaltfreien, versöhnlichen Prinzipien der Bürgerrechtsmarschierer ist der Glaube der Fundamentalisten durch Zwang und Ausschluss geprägt und liegt ganz auf der Linie jenes anderen Helden von Alabama, Gouverneur George Wallace, der die Bürger 1963 aufstachelte, sich der Bundesregierung zu widersetzen und buchstäblich Posten vor der Universität zu beziehen, um dort die Rassengleichstellung zu verhindern.

Konservative sind stets dafür, den Einfluss der Regierung auf das Leben des Einzelnen möglichst gering zu halten. Andererseits scheuen sie sich selbst nicht, uns Übrige notfalls auch unter Anwendung von Zwangsmitteln von ihren gesellschaftlichen Anschauungen zu überzeugen, und das üblicherweise mit moralischen und religiösen Argumenten. Sie sind so sehr (und so militant) von ihrer persönlichen Auslegung der Bibel überzeugt, dass man mitunter Mühe hat, sie von den Theokraten des Iran zu unterschieden. Widersprüche in ihren Anschauungen nehmen sie einfach nicht zur Kenntnis. So sind sie einerseits für strikten Schutz des ungeborenen Lebens, andererseits jedoch ebenso strikt

für die Beibehaltung (wenn nicht Ausweitung) der Todesstrafe.

Hier ist meiner Auffassung nach wichtig zu erkennen,
dass politische Ausrichtungen offenbar kein Kontinu-
um bilden, sondern sich irgendwie zu einem Kreis
schließen: Die Extremisten an beiden Enden des Spek-
trums sind einander ähnlicher als allen Gruppierungen
des mittleren Bereichs. Nehmen wir Faschismus und
Kommunismus, die sich selbst als extreme Gegensät-
ze verstehen. Die historischen Zentralgestalten beider
Systeme, Hitler und Stalin, schufen *beide* totalitäre Regime, die Millionen von Menschen ermordeten. Den
Genius des amerikanischen Regierungssystems sehe ich
darin, dass es über zweihundert Jahre lang als eine Art
politischer Stabilisator gewirkt hat, der Extremismus
verhindern konnte: Wir besaßen die Freiheit, so zu leben, wie jeder es für richtig hielt, und auch unter-
schiedlicher Meinung zu sein, ohne dass es – außer im
Bürgerkrieg – zu Blutvergießen gekommen wäre. Der
wichtige Disput in unserem Land findet nicht zwischen
Liberalen und Konservativen, sondern zwischen Gemä-
ßigten und Extremisten statt.

In diesem Zusammenhang ist eine Umfrage sehr aufschlussreich, die im Jahre 2004 durchgeführt wurde:
Neunzig Prozent der erwachsenen Amerikaner gaben
an, dass sie an Gott glauben. Diese Zahl ist nicht überraschend. Interessanter wird es schon, wenn man außerdem sieht, dass die Hälfte an Geister und etwa ein Drit-

tel an Astrologie glaubt und immerhin fünfundzwanzig Prozent der Menschen sich als Reinkarnationen anderer sehen. Zwei Drittel glauben an Hölle und Teufel (wobei kaum jemand annimmt, dass er es je damit zu tun bekommen wird). Bei einer anderen Umfrage kam heraus, dass dreiundachtzig von hundert Amerikanern an die jungfräuliche Geburt Christi glauben, aber nur achtundzwanzig an die Evolution.

Ach ja, Evolution. Es gibt in Amerika eine lange Tradition der sehr wörtlichen Bibelauslegung, und den Aspekt der Entstehung des Lebens vertreten insbesondere die sogenannten Kreationisten. Da ihnen der Evolutionsgedanke ein Dorn im Auge ist, haben sie eine andere Theorie entwickelt: Das biologische Leben sei von solcher Komplexität, dass seiner Entstehung ein göttlicher Plan zugrunde liegen müsse. Gegen die erdrückende Beweislast, die für Darwins Evolutionsgedanken spricht, wird eine aus der Bibel abgeleitete Geschichte aufgeboten, die nicht wissenschaftlich zu überprüfen ist und folglich nicht als Theorie im wissenschaftlichen Sinne gelten kann. Es gibt keine Experimente, keine Materialien, die fundierte Aussagen über den Wahrheitsgehalt dieser Lehre zulassen würden. Sie ist einfach Glaubenssache, sonst nichts. Wenn der Präsident sich dafür ausspricht, sie im naturwissenschaftlichen Unterricht neben die Evolutionstheorie zu stellen, »damit jeder weiß, um was es in dieser Debatte überhaupt geht«, so ist das ein schlagendes Beispiel für gelebte Ignoranz.

Falsch wäre es jedoch, alle konservativen Denker über einen Kamm zu scheren. Politische Meinungsverschiedenheiten zwischen toleranten und intelligenten Menschen sind kein Problem. Nur in den Randbereichen aller Philosophien treffen wir Leute an, die sich dazu berufen fühlen, Andersdenkende zu bekehren. Solche Dominanzansprüche haben oft religiöse Beweggründe. Man muss sich als »wahren Gläubigen« sehen, um sich berechtigt zu fühlen, anderen das eigene Weltbild aufzuzwingen.

Ein durch unsere Verfassung garantiertes Recht, das sehr gern in Anspruch genommen und kaum je diskutiert wird, ist das Recht, in Ruhe gelassen zu werden. Dazu gehört Religionsfreiheit, keine Frage; aber Religionsfreiheit eben auch in dem Sinne, dass Religion nicht zum Hebel oder Machtmittel gemacht werden darf. Genügt es denn nicht als Warnung, dass die Fundamentalisten uns einen Präsidenten beschert haben, der uns auf einen »Kreuzzug« wider die »Bösewichter« führen wollte?

Es wird noch eine Weile dauern, bis diese Spannungen in der amerikanischen Gesellschaft – die Spannungen zwischen den gegenwärtig an den Hebeln der Macht sitzenden Religiös-Konservativen und den Befürwortern einer toleranteren, pluralistischen Gesellschaft – gelöst werden können. Es gibt aber Anzeichen für den einsetzenden Pendelschwung weg von diesem Extremismus, der den öffentlichen Diskurs der letzten sechs Jahre beherrscht hat. Die Irak-Katastrophe, die offensichtliche

Schieflage einer auf Plünderung ausgerichteten Wirtschaft, die Versuche der Umverteilung von unten nach oben durch ein entsprechendes Steuerrecht, die Aushöhlung der Bürgerrechte, die Geringschätzung der Meinung der übrigen Welt, die von den letzten Hurrikanen bloßgelegte Inkompetenz der Regierung und die soziale Ungleichheit – all das verbindet sich jetzt im ganzen Land zum Widerwillen gegenüber einer Denkweise, die für kaum mehr als Eigennutz, Intoleranz und Tod steht. Sollte es wirklich zutreffen, dass dieses Pendel jetzt so schwingt, ist es keinen Augenblick zu früh.

22

VERFÜHRUNG GEHT DURCH DIE OHREN

Jeden Tag erlebe ich, wie schwer es den Menschen fällt, systematisch zu denken und zu erkennen, dass unser Leben zu einem großen Teil aus Lernen durch Versuch und Irrtum besteht. Eltern, die versuchen, ihre Kinder durch Schläge zu erziehen, stehen deren zunehmender Widerspenstigkeit ratlos gegenüber. Ganz in dem (meist von den eigenen Eltern übernommenen) Gedanken befangen, Schmerz und Einschüchterung seien geeignet, unerwünschtes Verhalten zu unterbinden, übersehen sie gänzlich, dass die Orientierungslosigkeit und Aufsässigkeit der Kinder genau diesem Missverhältnis zwischen der angewandten Methode (Gewalt) und den angestrebten Zielen (Höflichkeit und Fügsamkeit) entspringt. Wenn ich mich dann erkundige, ob es denn funktioniere, wird häufig offenbar, dass sich die Eltern diese Frage noch nie gestellt haben.

Pragmatische, nachweislich taugliche und »logische« Problemlösungsansätze sind ungewöhnlich, auf dem Gebiet der menschlichen Beziehungen noch mehr als anderswo. Meist handeln wir aus über die Jahre verfestigter Gewohnheit heraus. Neue Informationen genügen nicht, um daran etwas zu ändern. Wir müssen uns vielmehr emotional einlassen. Frustration, Zorn, Entmutigung, Angst, sogar Verzweiflung – das sind Gefühlsregungen, die uns den Anstoß geben können, unser Leben und vor allem enge Beziehungen einmal unter die Lupe zu nehmen. Veränderungen kommen in erster Linie dann zustande, wenn wir mit diesen Gefühlen ins Reine kommen möchten. Bei dem schwierigen Vorhaben, neues Wissen in Verhaltensänderungen umzumünzen, fällt dem Therapeuten die Aufgabe zu, Durchblick zu schaffen und Ermutigung zu geben.

Dazu muss in der therapeutischen Beziehung erst einmal Vertrauen entstehen. Neben der gesellschaftlich sanktionierten Stellung als Helfer fallen dem Therapeuten dabei oft noch andere Rollen zu – Beichtvater, Lehrer, Vater/Mutter und Richter zum Beispiel. Die herrschenden Vorstellungen von Psychotherapie sind durch jahrelange Berieselung in Film und Fernsehen geprägt. Hier werden Psychiater gern als Verbrecher (wie Hannibal Lecter in *Das Schweigen der Lämmer*) oder als selbst köstlich gestörte Typen (wie Mel Brooks als Dr. Richard Thorndyke in *Höhenkoller*) porträtiert. Radio- und Fernseh-Therapeuten unterliegen natürlich dem Zwang, unterhaltsam zu sein, und müssen so tun, als ließe sich guter Rat aus der Hüfte schießen – mit dem Erfolg, dass bei den Patienten entsprechende Erwartungen entstehen. Wieso bezahlt jemand dafür, dass ein anderer Gespräche mit ihm führt? Beim Erstkontakt mit einem Patienten ist das die Kernfrage. Im Laufe der Zeit hat der Wunsch, sich bei psychischen Problemen Hilfe zu suchen, weitgehend seinen negativen Beigeschmack verloren, was sicher auch an der Wirksamkeit der in den letzten fünfzig Jahren entwickelten Medikamente gegen Angst und Depression liegt. Man tut sich heute leichter mit dem Gedanken, das Leben könne glatter laufen, wenn man es besser versteht. Trotzdem sind viele häufig erst nach einer langen Phase seelischer Nöte bereit, sich helfen zu lassen.

Bei der ersten Begegnung mit einem neuen Patienten stelle ich mir zuerst die Frage: »In welchem Maße ist dieser Mensch wohl zu Veränderungen bereit?« Viele kommen eher auf Veranlassung anderer (in der Regel Angehöriger), die mit ihrem Verhalten nicht zurechtkommen. Mit Scheidung drohende Ehefrauen, Eltern, die sich keinen Rat mehr wissen, wütende Vorgesetzte und Mitarbeiter können einem schon Anlass geben, sich nach Hilfe umzusehen. Aber erst wenn der Betroffene selbst zu dem Schluss kommt, dass es Zeit wird, etwas zu ändern, kann eine Therapie echten Erfolg bringen.

Beim ersten Termin möchte ich zunächst einmal nichts anderes, als mir aufmerksam anhören, was mein Patient zu erzählen hat, und ihn dabei möglichst selten unterbrechen. Das sei doch wohl selbstverständlich, denken Sie vielleicht. Unser gegenwärtiger Medizinbetrieb ist aber eher darauf angelegt, alle fünfzehn Minuten einen anderen Menschen vorzulassen und ihm eine Verschreibung in die Hand zu drücken. Ungestörte Aussprachen sind da nicht unbedingt vorgesehen.

Ich habe schon vor langer Zeit gelernt, was für ein machtvolles Instrument der Veränderung dieses Zuhören ist. Es liegt wohl daran, dass die Menschen die Erfahrung, gehört zu werden, so bitter entbehren. Was wir Unterhaltung nennen, verlangt meist nicht mehr als passive Teilnahme, letztlich hört man sich an, was andere sagen. Unsere Politiker reden mit uns, als läge alles wirklich verwertbare Wissen bei ihnen. Selbst die Menschen in unserer näheren Umgebung sind vielfach so beschäftigt, dass sie weder genügend Zeit noch das Interesse haben, sich in aller Ruhe auf ein Gespräch einzulassen. So ist die Erfahrung, einmal wirklich gehört zu werden, für viele von uns äußerst selten, dafür aber umso erleichternder. Jede unserer Geschichten verdient es, erzählt zu werden. Doch wem?

Zuhören macht dem anderen erkennbar, dass wir ihn wichtig nehmen. Frauen (die alles in allem besser zuhören können als Männer und deshalb meistens auch mehr Freunde haben) klagen häufig darüber, dass ihre Männer nicht zuhören, weil sie gar nicht erst aufhorchen. Daran ist wie an den meisten Klischees durchaus etwas Wahres. Männer werden auf Konkurrenzkampf abgerichtet, und obwohl die Geschlechterrollen in den letzten Jahrzehnten durchlässiger geworden sind, tun sich Männer nach wie vor schwer, etwas über sich durchblicken zu lassen (insbesondere gegenüber anderen Männern), was ihnen als Schwäche ausgelegt werden könnte. Ich leite seit dreißig Jahren eine Therapiegruppe für Männer und finde es immer wieder faszinierend, wie Männer unter sich Hilfe suchen und geben und welche ganz andere Dynamik in Abwesenheit von Frauen entsteht. Da ist hautnah nachzuvollziehen, wie es kommt, dass Männer sich von anderen isolieren und von ihren eigenen Gefühlen abschneiden: Konkurrenzdenken, ein geradezu krampfhaftes Autarkiedenken und die auffallende Unfähigkeit, Emotionen auch nur beim Namen zu nennen.

Für dieses Problem hat man das aus dem Griechischen abgeleitete Kunstwort »Alexithymie« eingeführt, wörtlich »Nicht-lesen-Können von Gefühlen«. Es impliziert die Existenz eines Distanzierungsmechanismus, der verhindert, dass man unwillkommene Gefühle zur Kenntnis nimmt. Folglich werden sie auch nicht erlebt. Wenn man Worte wie Zorn, Freude, Angst oder Liebe nicht zu verwenden weiß, ist es schwierig, das eigene Innenleben zu verstehen und sich darüber zu äußern. Wenn es stimmt, dass die Inuit dreißig Wörter für Schnee und keines für Krieg besitzen, dann besagt das etwas mehr, als dass sie in einer kalten Gegend wohnen.

Ein Therapeut, der Menschen helfen möchte, sich zu ändern, braucht einen Punkt, an dem er den »Hebel« ansetzen kann, wie ich gern sage. Beim ersten Gespräch besitzt der Patient natürlich noch nicht viel Vertrauen, dass der Therapeut wirklich etwas Wesentliches für ihn tun kann. Selbst wenn Diplome an der Wand hängen und ein vertrauenswürdiger Eintrag in den Gelben Seiten vorhanden ist, bleibt der Therapeut zunächst ein Fremder, den man skeptisch betrachtet. Erst wenn eine Beziehung entsteht und der Therapeut sein Interesse und seine Kompetenz unter Beweis gestellt hat, wird man mehr von sich preisgeben und die Worte des Therapeuten sorgfältig erwägen. Vor allem brauchen Patienten das Gefühl, dass sie nicht be- oder verurteilt werden und dass der Therapeut auf ihrer Seite steht.

Viele können nicht recht einschätzen, ob ihr Ehepartner als Gegner zu sehen ist oder am gleichen Strang zieht, und das verrät einiges über unsere engsten Beziehungen. Dass Streit in der Ehe für viele eine Selbstverständlichkeit ist, zeugt ja von der unausgesprochenen Annahme, in der Ehe finde immer eine Art Machtkampf statt, bei dem die Partner lernen müssen, ihre Differenzen »sauber« auszufechten. Die Vorstellung, der andere könnte auch verlässlichen Rückhalt bieten und unsere Interessen genauso wichtig nehmen wie die eigenen, gilt im Allgemeinen als blauäugig.

Wir leben in einer Gesellschaft, in der nur Siege zählen. In Sport und Politik, im Geschäftsleben wie in unseren persönlichen Beziehungen gilt das Konkurrenzmodell. Dieses äußerst simple Konzept – gewinnen oder verlieren –, das im Sport funktionieren mag, übersieht allerdings, dass es im Leben selten um ein Entweder-Oder geht, sondern darum, viele Möglichkeiten zu erwägen.

Wer das nicht erkennt, wird vielfach nur deshalb eine bestimmte Entscheidung treffen, weil sonst bloß das völlig unerwünschte Gegenteil bliebe. Fordert man beispielsweise rigide und strafende Eltern auf, ihr Verhalten zu überdenken, bekommt man oft zu hören: »Ja, wollen Sie denn, dass wir die Kinder einfach tun lassen, wonach ihnen der Sinn steht?«

Dieses Schwarz-Weiß-Denken, das immer nur zwei Alternativen sieht, weiß nichts von all den fein abgestuften Grautönen, aus denen das wirkliche Leben besteht, und macht es uns extrem schwer, in der Welt zurechtzukommen. Wenn man die schlichte Klarheit liebt, die in den populären Unterhaltungsprogrammen herrscht, sind es genau diese Zwischentöne, die eine Therapie so unbefriedigend machen. Konflikte bergen immer Unsicherheit und Uneindeutigkeit. Das muss man wissen, wenn es gilt, Differenzen auszuräumen. Man muss die Dinge auch aus der Perspektive des anderen sehen und auf das befriedigende Gefühl, »recht« zu haben, verzichten können. Das kann nicht jeder, und deshalb fällt es vielen auch so schwer, Beziehungen über längere Zeit aufrechtzuerhalten.

Einen weiteren bedenklichen Nebeneffekt der Popkultur sehe ich in der fortschreitenden Verkürzung der Aufmerksamkeitsspanne, hervorgerufen zunächst durch die Fernbedienung. Darüber hinaus wird uns aber auch suggeriert, dass selbst komplizierteste Situationen und Konflikte in ein, zwei Stunden zu bereinigen sind. Die nervtötende Zähigkeit, mit der Konflikte im wirklichen Leben ablaufen, macht uns bald ungeduldig. Und überall ringsum sehen wir die Bilder vom schnellen Erfolg und Reichtum. Das viel gemächlichere Zeitmaß, in dem dauerhafte Dinge, vor allem Beziehungen aufgebaut werden, wirkt irgendwie überholt. Glitzerglanz, Glamour und kurzlebige Schönheit fesseln unser Interesse und peinigen uns mit verlockenden Fantasien. Die Bilder in den Magazinen und auf dem Fernsehschirm verändern uns. In der sehr viel weniger aufregenden Wirklichkeit unseres Alltags sorgen sie für Frust und überzogene Wunschvorstellungen.

So richten wir denn unsere Aufmerksamkeit auf die Stars, spielen Lotto, führen Prozesse, verlieren die Geduld mit unserem Partner, und all das zeugt von unserer Unzufriedenheit mit uns selbst und dem, was wir haben. Wen wundert es da noch, dass wir einander so wenig geben können und auch so wenig voneinander erwarten, dass wir nicht wissen, wie man Beziehungen aufbaut und am Leben erhält? Unsere Haltung steht echten Veränderungen im Wege, wie sehr wir den Wunsch danach auch beteuern mögen. Da wir so heftig nach dem Unerreichbaren verlangen – nach Reichtum, Schönheit und grenzenlosem Glück –, können wir nicht mehr nüchtern und gezielt darüber nachdenken, wie wir uns die weniger glanzvollen, dafür jedoch nachhaltigeren Befriedigungen verschaffen können, die tatsächlich in greifbarer Nähe liegen.

Man kann sich immer nur auf jeweils einen Gedanken konzentrieren. Wer gänzlich von oberflächlichen Dingen besetzt ist, wird sich wahrscheinlich nicht überlegen, was wirklich zählt. Solange uns Zerstreuung wichtiger ist als ein klarer Blick für die Dinge, vergeben wir unsere einzige echte Chance zu verstehen, was uns weiterbringt, und was nicht. Dann sind wir nicht in der Lage, unser Verhalten unseren Erfahrungen gemäß zu gestalten – kurz, wir lernen nichts dazu. Aber wer nicht lernt, wird mehr oder weniger ausschließlich von Gewohnheiten geleitet und ist zum endlosen Wiederholen alter Fehler verdammt. Und das soll ein Rezept für Glück sein?

23

An Schlaf-losigkeit ist noch niemand gestorben

Menschen, die in die psychiatrische Praxis kommen, klagen häufig über Schlafstörungen. Manchmal sind es sogar ihre einzigen Beschwerden: »Wenn ich nur einmal richtig ausschlafen könnte, wäre alles gut.« Da Schlaflosigkeit oft ein Begleitsymptom von Angst und Depression ist, scheint es sinnvoll, sie über die Behandlung des Grundproblems zu heilen. Ich betrachte Schlaflosigkeit als »erlernbar« und rede meinen Patienten zu, über ihr Leben nachzudenken, um so vielleicht auf die Ursache des Problems zu kommen. Das steht natürlich in krassem Gegensatz zu dem, was die Hersteller von Schlafmitteln behaupten, um die Erwartung zu wecken, man könne damit schnell und mühelos Erleichterung schaffen.

Unlängst war ich bei einem (natürlich von einer Pharmafirma gesponserten) Psychiatertreffen in einem der besten Restaurants unserer Gegend. Das Thema war »Schlaflosigkeit«. In der lebhaften Diskussion über geeignete Vorgehensweisen ging es, wie ich bald merkte, ausschließlich darum, mit welchem Medikament dieser oder jener die besten Erfahrungen gemacht hatte. Als ich berichtete, dass ich die Aufmerksamkeit meiner Patienten zunächst einmal auf mögliche Ursachen der Schlafstörung zu lenken versuche, bevor ich Medikamente einsetze, die Abhängigkeit erzeugen können, sahen mich die anderen an, als hätte ich Methoden des siebzehnten Jahrhunderts vorgeschlagen – Aderlass, Blutegel oder so etwas. Kein Zweifel, die Verordnung von Schlafmitteln ist einfach der kostengünstigste Ansatz. Er ist wirksam, entspricht den Erwartungen der Patienten und ermöglicht es uns, schon wenige Minuten später den nächsten Patienten vorzulassen. Für Pharmafirmen rechnet es sich also durchaus, Ärzte zu kostspieligen Mahlzeiten einzuladen.

Das Schlafparadox lautet: »Du bekommst ihn erst, wenn er dir nicht mehr so wichtig ist.« Das Einschlafen ist ein unwillkürliches Geschehen, deshalb nützt es überhaupt nichts, wenn wir Druck dahintersetzen. So etwas geht uns natürlich völlig gegen den Strich. Schließlich dreht sich alles um Kontrolle. Über Jahre ist uns eingetrichtert worden, dass wir alles irgendwie erreichen können, wenn wir uns nur voll einsetzen. Die Erfahrung lehrt etwas anderes: Je nachdrücklicher wir versuchen einzuschlafen, desto sicherer flieht uns die Nachtruhe. Die Standardstrategie der Schlaflosen – im Bett liegen, auf die Uhr schauen und sich ausmalen, wie müde man am nächsten Tag sein wird – stellt absolut sicher, dass sie wach bleiben.

Wenn Patienten auf eine schnelle, nachhaltige Lösung aus sind, erzähle ich ihnen vom Schlafparadox und lege ihnen ans Herz, den Schlaf nicht mehr gar so wichtig zu nehmen, weil er sich dann viel leichter einstellt. Was die Bedeutung des Schlafes angeht, haben wir uns einen stattlichen Bären aufbinden lassen. Acht Stunden Schlaf pro Nacht – das ist ebenso ein Märchen wie die Anweisung, den Arzt zu fragen, bevor man sich sportlich betätigt, wie der jährliche Gesundheitscheck und die Warnung vor Zugluft oder Baden mit vollem Magen. Tatsächlich bleiben die meisten Menschen auch bei viel weniger Schlaf funktionstüchtig, und außerdem können wir darauf vertrauen, dass unser Körper sein Schlafdefizit schon irgendwie ausgleicht, bevor wir zusammenklappen.

Die Lieferanten und Verordner von Schlafmitteln werden nicht müde zu unken, Schlaflosigkeit habe in unserer Gesellschaft epidemische und gefährliche Ausmaße angenommen, sie sei häufig die Ursache von Autounfällen und untergrabe sowohl in der Schule als auch am Arbeitsplatz die Produktivität. In der Zeitung waren kürzlich die neuesten Erhebungsdaten als Alarmmeldung zu lesen: »Zu wenig Schlaf oder ein unregelmäßiger Schlafrhythmus erhöhen das Risiko ernster Erkrankungen, darunter Krebs, Herzerkrankungen, Diabetes und Fettleibigkeit.« Das schürt natürlich Sorgen und vertreibt den Schlaf. Es ist wie bei allen Formen der Angst: Die Schlaflosigkeit speist sich selbst. Was auch immer ursprünglich die Angst ausgelöst haben mag, jetzt jedenfalls haben wir Angst vor der Angst und die Chance,

Schlaf zu finden, tendiert gegen null, es sei denn, wir sind wirklich völlig erschöpft oder werden in Vollnarkose versetzt (was ich gelegentlich empfehle, wenn jemand wie besessen von diesem Thema ist).
Dies also sage ich meinen Patienten:

1. Schlaflosigkeit ist kein besonders interessanter Gesprächsstoff.
2. Trauen Sie Ihrem Körper zu, dass er für genügend Schlaf sorgt, bevor Sie zusammenbrechen.
3. Sie werden erst Schlaf finden, wenn es Ihnen nicht mehr wichtig ist.

Die Wichtigkeit des Schlafs reduziert man am besten dadurch, dass man nie länger als eine halbe Stunde schlaflos liegen bleibt. Wenn Sie nach dreißig Minuten noch nicht eingeschlafen sind, dann stehen Sie auf und tun irgendetwas Nützliches – lesen, arbeiten, den Küchenboden schrubben. Bleiben Sie mindestens fünfundvierzig Minuten auf, bevor Sie wieder ins Bett gehen. Wiederholen Sie den Ablauf, wenn der Erfolg sich nicht gleich einstellt. Dahinter steht der Gedanke, nicht krampfhaft im Bett zu bleiben, sondern dem Körper zwei gute Alternativen anzubieten: schlafen oder sich sinnvoll betätigen. Das verringert die Angstspannung und verbessert in den meisten Fällen den Schlaf.
Grundsätzlich ersuche ich meine Patienten, während der Therapiesitzung nie länger als fünf Minuten über

ihre Schlafstörungen zu sprechen. Das erspart mir einiges an Langeweile und stellt sicher, dass wir auch zu den wichtigeren Themen kommen.

Ob wir ein glückliches und zufriedenes Leben führen oder nicht, hängt sehr weitgehend davon ab, worauf wir unsere Aufmerksamkeit richten. Wer das Leben als entmutigend, die Welt als gefährlich, die Menschen als käuflich und armselig erlebt, wird das überall bestätigt sehen. Viele unserer Tageszeitungen sind ja kaum mehr als die fortlaufende Chronik von Tod, Zerstörung und dem Schlimmsten im Menschen. Manch einer ist ganz versessen auf solche »Nachrichten«, ohne zu bemerken, wie sich das auf seine Stimmung und sein Weltbild auswirkt. Der allergrößte Teil unserer Ängste speist sich aus dem, was wir in der Glotze sehen.

Wie Pessimisten auf lange Sicht immer recht behalten, so wird auch der verängstigte Zyniker, der die Welt durch die Optik eines Mediums betrachtet, das nach dem Motto »je blutrünstiger, desto höher die Einschaltquote« verfährt, sein Weltbild bestätigt bekommen. Aber natürlich trifft auch das Gegenteil zu: Wer sich so viel wie möglich an Orten aufhält, an denen Schönheit und Großzügigkeit herrschen, wird wohl eher dazu neigen, sich glücklich zu schätzen und andere als wohlwollend zu erleben.

Interessanterweise gilt Ähnliches für die Einschätzung unserer körperlichen und geistigen Gesundheit. Wenn wir uns durch Medienberichte davon überzeugen lassen, dass wir vom Rinderwahnsinn befallen werden könnten, verzichten wir vielleicht künftig auf den Genuss eines Steaks. (Hier bitte ich alle Vegetarier um Vergebung. Sie haben es zweifellos verdient, uns Übrige zu überleben.) Weil es zu Flugzeugabstürzen kommen kann, wenn auch selten, wählen manche Leute nur Reiseziele, die mit dem Auto oder der Bahn zu erreichen sind. Wer auch nur ein bisschen Sinn für Statistik hat, isst entspannter und sieht mehr von der Welt.

Und weiter: Wenn wir Körper und Geist zutrauen, dass sie sich selbst schützen und heilen können, ersparen wir uns einiges an unnötigen Arztbesuchen. Gehen Sie zu irgendeiner Tageszeit in die Notfallambulanz einer Klinik und Sie werden immer einen Warteraum voller Leute mit vorübergehenden Unpässlichkeiten vorfinden, die eigentlich keiner Behandlung bedürfen. Diese Menschen, wohlauf, aber voller Sorgen, warten bereitwillig stundenlang, um dann einem überarbeiteten Arzt vorgestellt zu werden, der entweder keine Ahnung hat, was ihnen fehlt, oder nichts Substanzielles an Therapie offerieren kann. Die Menschen suchen Hilfe, weil sie Angst haben, ihre Symptome könnten auf ernste Erkrankungen hindeuten (»Ich habe Husten, Doktor, meinen Sie, dass es SARS sein könnte?«), oder weil sie nicht bereit sind, auch nur das kleinste Ungemach auszuhalten (»Haben Sie nicht *irgendwas* gegen dieses Kopfweh?«). Ein ganzer Industriezweig lebt davon, dass die Leute glauben, zu jedem Sammelsurium von Symptomen gehöre eine Diagnose (wie Fibromyalgie, chronisches Müdigkeitssyndrom und Schlafapnoe) und jeder Schmerz habe seine Pille. Das Gesundheitssystem selbst schürt noch die Hypochondrie (»Ich werde ein paar Untersuchungen machen, nur zur Sicherheit«). Selbst im Bereich der »ganzheitlichen Medizin« mit ihren Regalen voller »Naturheilmittel« schrillen ständig irgendwelche Alarmglocken wegen verseuchter Gebäude oder möglicher Schwermetallbelastungen.

Genug davon. Die Natur hat alles weise eingerichtet und unser Körper ist ein wahres Wunderwerk der Regeneration und Selbstheilung. Leisten Sie sich ein wenig Zutrauen. Je weniger Ärztekontakte Sie haben, desto besser werden Sie sich höchstwahrscheinlich fühlen. Wenn Sie schlecht schlafen können, gönnen Sie sich doch einfach den Genuss von Frieden und Ruhe in den frühen Morgenstunden, wo noch keiner anruft oder E-Mails schickt. Lesen Sie das Buch, zu dem Sie schon so lange nicht gekommen sind, und vertrauen Sie darauf, dass Ihr Körper schon schlafen wird, wenn er müde genug ist. Wenn das nicht zum Ziel führt und Sie einfach keine weitere schlaflose Nacht mehr ertragen, dann tippen Sie »Schlaflosigkeit« oder Ähnliches in die Suchmaschine Ihres Computers ein und im Handumdrehen stehen Sie auf einem riesigen E-Mail-Verteiler – inmitten einer Schar neuer Freunde.

24

AUCH HELDENTUM LIEGT IM AUGE DES BETRACHTERS

Viel ist schon über die »Verwilderung der Sprache« geredet und geschrieben worden – über einstmals aussagekräftige Wörter, die durch allzu häufigen Gebrauch »abgelutscht« wurden und nichts mehr besagen, über das aufgedonnerte Idiom der Jugend (das zunehmend von »Junggebliebenen« übernommen wird), über die Gräuel der Beamten- oder Sportlersprache, über inflationären Gebrauch der Computersprache in allen Lebensbereichen und überhaupt die »Überfremdung« mit Jargon jeglicher Provenienz. Die automatische Rechtschreibprüfung des Computers akzeptiert dergleichen immer bereitwilliger.

Doch bei allem, was wir bisher schon an Sprachverhunzung hinzunehmen hatten, bedauere ich am meisten den Bedeutungsverlust des Wortes »Held«. Diesen Titel erhält inzwischen schon praktisch jeder, der bei seinem Tod eine Uniform trägt. Wer einmal an kriegerischen Auseinandersetzungen beteiligt war, hat dabei schnell herausgefunden, dass zwischen dem Tod durch feindliche Geschosse und dem an den Tag gelegten Mut kein direkter Zusammenhang zu erkennen ist. Der Tod auf dem Schlachtfeld ist so gut wie immer eine Sache des Zufalls. Das gilt insbesondere für den gegenwärtigen Krieg Amerikas, in dem die meisten Verluste auf Bombenattentate zurückzuführen sind. Ob du weiterlebst oder stirbst, hängt davon ab, in welchem Fahrzeug du dich gerade zufällig befindest.

Natürlich gibt es im Krieg Menschen, die Tapferkeit beweisen, und das System der militärischen Ehrungen ist dazu da, ihnen die gebührende Anerkennung zukommen zu lassen. Für mich ist aber das bloße Getötetwerden noch nicht gleichbedeutend mit Heldentum. Was mir dabei fehlt, ist das Element der freien Entscheidung. Man könnte jetzt argumentieren, der Dienst in einer Freiwilligenarmee sei Entscheidung genug, aber was ist mit all den Reservisten und Nationalgardisten beiderlei Geschlechts, die bei ihrer Verpflichtung bestimmte Dinge vor Augen hatten (Vorteile bei der Hochschulausbildung, humanitäre Einsätze, zwei Wochen aktiver Dienst pro Jahr) und dann etwas ganz anderes bekommen, nämlich richtige Kampfeinsätze? Wenn wir den von verirrten Kugeln Getroffenen oder bei Bombenanschlägen Getöteten keinen Heldenstatus verleihen würden, bliebe ein viel kleineres Häuflein wirklich mutiger Menschen, die bewusst ein hohes Risiko auf sich nahmen und starben. Mir wäre viel wohler, wenn im Fernsehen nicht ständig von »gefallenen Helden« die Rede wäre, sondern eher von »Soldaten, die Pech hatten«. Das entspricht den Tatsachen besser, macht aber natürlich nicht so viel her.

Vor Jahren wurde die Besatzung eines amerikanischen Spionageflugzeugs, das von einem chinesischen Kampfjet zu Boden gezwungen worden war, für kurze Zeit in China festgehalten. Ihre Heimkehr wurde inszeniert, als handelte es sich um die lang ersehnte Freilassung amerikanischer Kriegsgefangener nach dem Vietnamkrieg. Als die Angehörigen in die Arme der heimkehrenden Kämpfer flogen, sollten wir da etwa denken: »Mein Gott, diese Männer haben ihre Kinder ... *zwei Wochen* nicht gesehen!«?

Am 30. August 2002 wurde der Newark International Airport in Newark Liberty umbenannt, »um die Verteidiger der Freiheit und die Helden des 11. September zu ehren«. Es gab an jenem Tag zweifellos Helden (zumeist unbekannte), aber für die allermeisten der dreitausend Opfer waren die Angriffe nichts anderes als ein furchtbarer Schicksalsschlag. Es handelte sich um Börsenmakler, Sekretärinnen, Wartungspersonal, Restaurantbedienstete und andere, die einfach nur zur Arbeit gekommen waren. Sie hatten ihr Leben nicht bewusst eingesetzt und genügen daher nicht diesem entscheidenden Kriterium des Heldentums. (Und stand ihren Familien wirklich so viel Geld zu, durchschnittlich 3,1 Millionen Dollar? Warum dann nicht auch den Familien, die beim Bombenanschlag von Oklahoma City oder bei Wirbelstürmen und anderen Naturkatastrophen Angehörige verloren?)

Was aber ist mit den 460 Feuerwehrleuten und Polizisten, die bei dem Versuch, Zivilisten zu retten, ums Le-

ben kamen? Wenn man sich für einen solchen Beruf entscheidet, ist man sich der Risiken, die er mit sich bringt,
bewusst. Im Allgemeinen sind solche Menschen wacke-
re Leute, die bereit sind, Menschenleben zu schützen
und zu retten. Wenn aber unverhofft ein Gebäude ein-
stürzt, sind die darunter Begrabenen nicht mehr und
nicht weniger heldenhaft als die, die zufällig entkamen.
Wenn man Feuerwehrleute oder Polizisten auf ihr Heldentum anspricht, sagen sie meistens: »Ich habe einfach
meine Arbeit getan.« Es mag allzu bescheiden klingen,
ist aber in der Regel die Wahrheit.

Vor Jahren brachte ein Pilot der zivilen Luftfahrt das
Kunststück fertig, mit einem Passagierflugzeug zu lan-
den, dessen Steuerklappen eingefroren waren, sodass es
nur noch über genau dosierte Schubdifferenzen zwischen den Triebwerken an beiden Tragflächen gesteuert
werden konnte. Es krachte zwar gewaltig bei der Landung, aber das überragende Können des Piloten rettete zwei Dritteln der Passagiere das Leben. Ein Held? Er
winkt ab. Er befand sich ja nicht aus freien Stücken in
dieser Lage. Er tat nur alles, um irgendwie mit der Situation fertig zu werden, und schaffte es.

Freie Entscheidung und Risikobereitschaft, vor allem
zum Nutzen anderer, sind demnach die wichtigsten In-
gredienzien des Heldentums. Der Tod allein genügt
nicht. Wo also sind die Helden? Wie wäre es mit den Pas-
sagieren des United-Airlines-Flugs 93 an jenem 11. September? Sie hatten es mit Terroristen zu tun, die mit

Messern bewaffnet waren, möglicherweise sogar eine Bombe hatten. Trotzdem heckten sie einen Plan aus und stürmten das Cockpit. Weil die Maschine abstürzte, kamen alle ums Leben. Aber wer von uns hätte einen solchen Mut besessen? Ich bin mir nicht sicher, was ich getan hätte. Und das macht diese Männer in meinen Augen zu Helden. (Warum bekamen ihre Familien eigentlich keine Zuwendungen für »besonderen Mut«?)

Oder nehmen wir Menschen, die nicht nur für ein paar Minuten, sondern über Jahre hinweg außerordentlichen Mut beweisen. Zum Beispiel Senator John McCain, der als Kriegsgefangener in Vietnam die vorzeitige Freilassung ablehnte, um bei seinen Mitgefangenen bleiben zu können. Wie viel Hingabe und Selbstlosigkeit die Eltern kranker oder behinderter Kinder an den Tag legen, übersteigt jede Vorstellung, erfährt aber nur wenig Anerkennung. Wer den Verlust geliebter Menschen oder den eigenen nahenden Tod mit Fassung und Haltung trägt, verdient unsere Bewunderung. Aber sie bleibt häufig aus, sind solche Menschen doch in unserer prominenzfixierten Gesellschaft so gut wie unsichtbar. Darin liegt auch eine gewisse Ironie, denn wie es so ist im Leben: Irgendwann bekommt jeder die Gelegenheit, sich als tapfer zu erweisen.

Ist das wichtig? Wäre es nicht ganz in Ordnung, jedem gefallenen Soldaten den Heldenstatus zuzuerkennen? Die Hinterbliebenen sähen das sicher gern. Es steht jedoch mehr auf dem Spiel als die inflationäre Entwertung von Begriffen. Sind Helden nicht Menschen, die wir Übrigen uns zum Vorbild nehmen? Von uns selbst möchten wir doch gern denken, dass wir in der Gefahr nicht einknicken würden, dass wir den Mumm haben würden, Angst und Eigeninteresse weit genug zu überwinden, um anderen helfen zu können. Natürlich kann niemand wissen, wie er in einer lebensbedrohlichen Situation tatsächlich reagieren würde. Doch wenn uns mutiges Handeln vorschwebt, brauchen wir echte Helden als Vorbild. All die gefeierten Schauspieler und Sportler werden uns solche Vorbilder kaum liefern. Wir brauchen das Echte.

25

JEDER IST ZU ALLEM FÄHIG

Ich bin im Staat New York auf dem Land aufgewachsen. Mein Vater war ein Waffennarr und ich bekam mein erstes Gewehr mit sieben Jahren. Damit habe ich viele Stunden allein in den Wäldern zugebracht. Anfangs schoss ich nur auf Blechdosen, die ich auf Zaunpfähle stellte. Später war ich auf Kleingetier aus, meist Eichhörnchen und Waldmurmeltiere. Der Anblick von Blut wurde zur Normalität und wie viele meiner Freunde wollte ich Cowboy oder Soldat werden, Menschenjäger. Mein Vater, dessen Anerkennung ich suchte, war stolz auf meine Treffsicherheit. Waffen bedeuteten Macht, Oberhand, Männlichkeit, alles, wonach ein Junge sich sehnt, weil er nichts davon besitzt.

Einmal, ich war elf, bepflanzten mein Vater und ich einen Hang auf unserer Farm mit Kiefernsetzlingen. Ich hatte mein Gewehr dabei für den Fall, dass sich ein Rotluchs zeigen würde wie erst einige Wochen zuvor, als meine Mutter in einem unserer Obstgärten beschäftigt war. Wir hatten schon Stunden gearbeitet und mir war gar nicht mehr danach, auf diesem unebenen, steinigen Hang die Erde aufzuwühlen, um kleine Bäumchen zu pflanzen – Reihe um Reihe, immer mit knapp zwei Meter Abstand. Mein Vater, der so etwas wie Erschöpfung offenbar nicht kannte, schuftete mit nacktem Oberkörper und ich sah den Schweiß über seinen muskulösen Rücken laufen.

Bei der Arbeit wurde kaum ein Wort gewechselt und mir war klar, dass ich mich dieser geisttötenden Plackerei ergeben musste, bis alle Setzlinge im Boden waren. Mein Vater hätte mir bestimmt erlaubt, in die Kühle des Hauses zurückzugehen, aber neben einem vierzig Jahre älteren Mann schlappzumachen – nein, das ließ mein Stolz nicht zu. Aber ich legte ein Pause ein und setzte mich neben mein Gewehr, das ich in einiger Entfernung abgelegt hatte, ins heiße Gras. Ich nahm es versonnen zur Hand und zielte absichtslos auf einen Baum am Rande eines Feldes.

Und ganz langsam, wie im Traum, sah ich den Lauf einen Bogen beschreiben, bis er auf den Rücken meines Vaters gerichtet war, der sich, zehn Meter entfernt, gerade wieder bückte, um den nächsten Setzling zu pflanzen. Ich hatte den Finger am Abzug, ich entsicherte. Wie lang mag dieses Tableau der Liebe, des Hasses und der Rivalität zwischen Vater und Sohn Bestand gehabt haben? Ich erinnere mich nur an ein Gefühl von Macht, das ich im Laufe der Jahre als eine Form des Wahnsinns sehen gelernt habe. Vielleicht war es völlig ausgeschlossen, dass ich hätte abdrücken können. Aber in der Trance dieses heißen Vormittags, kein Windhauch, nur Grillengezirpe, empfand ich nichts als die Leere eines endlosen, freudlosen, sinnlosen Sommers.

Wenn er sich jetzt umdrehen würde, dieser Gedanke stand plötzlich da, käme ein furchtbares Geheimnis ans Licht, und vielleicht würde unser beider Leben dann in so etwas wie einer unerklärlichen primitiven Opferhandlung enden.

Ganz langsam, wie von selbst, senkte sich die Mündung. Ich sicherte das Gewehr und legte es wieder ins Gras. Mein Vater drehte sich um und legte den Spaten weg.

»Was hältst du von Mittagessen?«

»Gute Idee, Papa.«

26

DIE INFORMATIONS-FLUT ENTSPRICHT UNSERER WISSENS-DÜRRE

Besteht unser »Wissen« nicht zu einem Großteil aus einzelnen Informationsbröckchen? Überlegen Sie einmal, woher wir die Nachrichten über das Weltgeschehen beziehen. Hauptsächlich aus dem Fernsehen oder Internet. Immer weniger stammt aus Büchern, Zeitungen, Zeitschriften und anderen Druckerzeugnissen. In der amerikanischen Gesellschaft wird generell immer weniger gelesen.

Das Fernsehen als Informationsquelle ist mit dem Problem verbunden, dass Häppchen von einfach allem an uns verfüttert werden, aber nur selten etwas vertieft wird. Berichten von Kriegen und Naturkatastrophen folgen ein Überblick über die neuesten Fortschritte der Medizin, ein paar Sprechblasen von Politikern oder ein bisschen Tratsch über bekannte Persönlichkeiten. Das kommt eins nach dem anderen und man hat keine Möglichkeit der Auswahl. Nachrichtensender, die rund um die Uhr ausstrahlen, haben viel Zeit zu füllen, sie verfügen aber nicht über die entsprechenden Mengen an wirklich Mitteilenswertem. Also strecken sie das wenige mit allerlei Storys, die interessant oder uninteressant sein mögen, aber meist nicht wichtig sind: Suche nach vermissten Personen, Waldbrände, »Neues aus der Szene« (oft über Leute, die besser aussehen als wir und aus irgendeinem Grund vor Gericht stehen). Das alles ist »Hintergrundrauschen« und macht es uns unnötig schwer, das »Signal« zu hören, das heißt die wirklich beachtenswerten Ereignisse.

Überdies bleibt viel Sendezeit einer Handvoll Leuten vorbehalten, die ohne erkennbaren Grund ausersehen wurden, uns darüber aufzuklären, was wir von all den Informationen zu halten haben. Jeder dieser »Analytiker« und »Experten« trägt seine eigene politische oder philosophische Brille, durch die er die Tagesereignisse betrachtet. Der »Ausgewogenheit« zuliebe sprechen oft zwei oder mehrere dieser Experten aus verschiedenen Lagern miteinander (oft auch gleichzeitig und mit erheblicher Lautstärke). Dahinter steht die Annahme, dass alles seine zwei Seiten hat und der Zuschauer viel besser zu einem eigenen Urteil kommt, wenn ihm beide Seiten vorgesetzt werden. Dass alles zwei Seiten hat, stimmt aber gar nicht. Jemanden in einer Debatte darstellen zu lassen, weshalb er Folter für vertretbar hält, hat nicht den geringsten Sinn. Für Folter gibt es schlichtweg kein stichhaltiges Argument.

Unser Gehirn besitzt eine beachtliche Kapazität, aber sie ist doch begrenzt. Wenn wir es mit Füllstoff beschicken, bleibt nicht mehr viel Platz für Wichtiges. Zudem ist es nicht möglich, sich mehreren Sachen gleichzeitig mit voller Aufmerksamkeit zu widmen. Nach jeder Erhebung, die unseren Wissensstand in Geografie, Mathematik, Politik, Geschichte oder Zeitgeschehen ermittelt, staunen wir alle über die unglaubliche Ahnungslosigkeit unserer Mitmenschen. Viele wissen nicht, wer ihre Senatoren und Parlamentsvertreter sind; eine Mehrheit kennt die Bill of Rights nicht und kann häufig mit dem Inhalt nichts anfangen; die Leute wissen nicht, wo der Irak auf der Landkarte zu suchen wäre und welche Länder am Zweiten Weltkrieg beteiligt waren.

In der Flut von Einzelheiten ist es schon schwierig genug zu erkennen, was wirklich Beachtung verdient. Gänzlich überfordert aber sind wir, wenn es gilt, die Informationen zu nützlichen Kenntnissen zusammenzufassen. Wissen, das diesen Namen verdient, setzt ja ein gewisses Maß an Zuordnung voraus. Dafür müssen wir auf irgendeine Weise das »Gesamtbild« gegenwärtig haben. Denn woher sollten wir sonst wissen, wo bestimmte Einzelheiten hingehören? Zum Beispiel: Wenn wir Fotos von Misshandlungen an Gefangenen im Irak sehen, können wir das als einmaligen Ausrutscher deuten, während grundsätzlich, auch im militärischen Bereich, das Prinzip der menschenwürdigen Behandlung gilt. Oder wir erinnern uns an zurückliegende Kriegsgräuel, auch die von unseren Streitkräften in Vietnam verübten, und kommen zu dem Schluss, dass Verbrechen dieser Art in solchen Kriegen gang und gäbe sind.

Sich bei den schnell wechselnden Tagesereignissen ein Bild zu verschaffen ist auch deshalb so schwierig, weil es überall Leute gibt, die das »Megafon« an sich reißen und mit den Deutungen, die ihnen am besten in den Kram passen, alle anderen Stimmen überschreien. Aus langer Erfahrung wissen wir, dass neue Erkenntnisse, die nicht zu unseren verfestigten vorgefassten Anschauungen passen, entweder ignoriert oder bestritten oder so gedeutet werden, dass wir unser Weltbild beibehalten können. Wenn man einer bestimmten politischen Philosophie oder religiösen Lehre anhängt (zum Beispiel der, dass alles, was in der Bibel steht, wortwörtlich wahr ist), wird man die nicht ins Bild passenden Fakten einfach so lange zurechtbiegen, bis sie passen. So wird beispielsweise Homosexualität, die mit ziemlicher Sicherheit angeboren ist, zu einer Lebensweise, für die man sich »entscheidet« und die man sich folglich auch wieder abgewöhnen kann. Wenn Fossilien mittels der Karbondatierungsmethode ein Alter von Millionen von Jahren zugesprochen wird, kann man deswegen nicht einfach den biblischen Bericht in Frage stellen, dem zufolge die Schöpfung vor sechstausend Jahren stattfand und sechs Tage in Anspruch nahm. Wer die Todesstrafe für angemessen und gerecht hält, wird sich davon nicht abbringen lassen, wie viele Studien man ihm auch vorlegen mag, die alle zeigen, dass die Todesstrafe wenig abschreckend wirkt und zudem nach sehr unterschiedlichen Kriterien verhängt wird. Was »Wissen« genannt wird, ist also größtenteils verknöchertes Vorurteil, und »Fakten« werden in diesem Rahmen nur benutzt, um bestehende Überzeugungen zu festigen. Wer an die Überlegenheit seines Landes oder seiner »Rasse« glauben möchte, wird es irgendwie schaffen, ganz gleich, was man ihm an anderslautenden Fakten unterbreitet. Unser ganzes Ichgefühl steht auf dem Spiel und das erlaubt uns kein Umdenken.

Noch eine Sprosse höher, also über Information und Wissen, steht die Weisheit. Als Ergebnis wohlerwogenen Denkens und reichhaltiger Erfahrung steht sie hoch im Kurs, ist aber schwer zu finden und noch schwerer zu erwerben. Mit dem Alter kommt die Weisheit, möchten wir gern glauben, aber das Verhalten der meisten älteren Menschen macht deutlich, dass dem nicht so ist. Wenn wir uns nie dazu durchgerungen haben, unsere Anschauungen neuen Erkenntnissen anzupassen, werden wir uns das auch im Alter nicht zur Gewohnheit machen, und dann bleibt unser »Wissen« wie schon in jüngeren Jahren auf tönernen Füßen stehen. Für mich bedeutet Weisheit, aus unserer Lebenserfahrung Erkenntnisse über die Welt zu gewinnen, die auch für andere einen Wert besitzen: Wir kommen zu etwas Allgemeingültigem, von dem aus wir auch neuartige Situationen und Umstände betrachten und zu fundierten Entscheidungen gelangen können. So haben bestimmte Verhaltensweisen absehbare Folgen. Wenn wir diese Folgen bestimmen können und es uns gelingt, Menschen, die zwanghaft immer wieder die gleichen Fehler machen, diese Einsichten nahezubringen, haben wir es verdient, gehört zu werden.

Diesen Weg vom Informationssammler zum Vermittler von Kenntnissen und Einsichten zu gehen, der eines Tages womöglich sogar weise wird, lohnt sich. Keiner von uns wird je ganz damit fertig, aber allein schon das Bemühen adelt unser Dasein zu etwas, worin es um mehr als materielle Güter und das ewige Einerlei des Eigeninteresses geht. Dieses Bemühen führt uns auch der Antwort auf die Grundfrage des Menschseins etwas näher: Wozu sind wir eigentlich auf der Welt?

GLÜCK BERUHT AUCH
AUF UNGEWISSHEIT

Wir alle wünschen uns, das Leben wäre einfacher. So gut wie alle unangenehmen Gefühlsregungen – Befürchtungen, Angst, Depression, Vorurteile – sind Zeichen unserer Reaktion auf die allzu vielen Anforderungen, die das Leben an uns stellt. Manche versuchen sich das verwirrende Durcheinander des Alltags dadurch zu vereinfachen, dass sie einen »absolutistischen« Standpunkt einnehmen und alles unter Entweder-oder-Gesichtspunkten betrachten. Dann ist die Welt Austragungsort des Kampfes zwischen Gut und Böse, Recht und Unrecht, Richtig und Falsch, uns und denen. Ich erinnere mich an meine Einführung in den in West Point vertretenen Ehrenkodex. »Mit der Ehre«, wurde uns da eröffnet, »ist es wie mit der Schwangerschaft: Ein bisschen geht nicht.« Ein Kadett kann unmöglich lügen, betrügen, stehlen oder so etwas bei anderen dulden. So einfach, so zutiefst befriedigend. Jede Verletzung des Kodex bedeutet Entlassung. Wer sich einmal unehrenhaft verhält, ist es nicht mehr wert, unter Ehrenmännern zu leben. Nur liegt die Latte leider zu hoch. Denn wie soll man zum Beispiel die Frage »Macht dieses Kleid mich dick?« beantworten? Wahrheitsgemäß müsste man vielleicht sagen: »Sicher doch. Du *bist* eben dick.« Die ehelichen Bande würde eine solche Antwort aber bestimmt nicht festigen.

Anfang der Sechzigerjahre war ich in Fort Bragg und es stand ein Besuch von Präsident Kennedy bevor. Irgendjemand kam auf die glorreiche Idee, die 82. Luftwaffendivison sollte auf dem Flugfeld antreten, und zwar jede Kampftruppe in der für ihr bestimmtes Einsatzgebiet vorgesehenen Ausrüstung. So standen denn manche Einheiten im Dschungeldrillich herum, andere in Wüstenbraun und meine eigene ganz in Weiß und mit Skiern. Die Sonne brannte, viele von uns hatten noch nie Schnee gesehen, aber wir gaben uns entschlossen, auf der Stelle zum Kampf um den Nordpol auszurücken. Ich erinnere mich, wie mir der Gedanke durch den Kopf ging, dass wir dem Präsidenten damit doch eigentlich eine fette Lüge auftischten, die ernstere Folgen haben müsste als die falsche Behauptung, man habe sich am Morgen die Schuhe geputzt (ein Vergehen, das schon zum Rauswurf einiger Kameraden geführt hatte).

Mit starren Moralvorstellungen und Verhaltensnormen ist das so eine Sache; auf Dauer können wir ihnen nicht entsprechen und dann plagen uns Schuld- und Versagensgefühle. Sie sind, anders gesagt, Aufforderungen zur Heuchelei. Wenn ein Geistlicher abweichendes sexuelles Verhalten an den Tag legt oder wenn ein schreibender Tugendprediger sich als spielsüchtig erweist oder wenn einem moralisierenden Rundfunksprecher Drogenmissbrauch nachgewiesen wird, kommen wir zumindest in den Genuss der Schadenfreude über Leute, die gern über andere zu Gericht sitzen, aber an ihren eigenen menschlichen Schwächen scheitern. Es spricht für die Langmut (oder Dummheit) dieser Gesellschaft, dass solche Heuchler sich meist irgendwie herauswinden können und uns dann munter weiter darüber belehren, wie Menschen zu leben haben.

Die psychotherapeutische Arbeit (sofern sie nicht öffentlich in den Medien stattfindet) setzt voraus, dass man ein hohes Maß an Unklarheit aushalten kann. Die Probleme, mit denen die Menschen kommen, sind ausnahmslos schwer zu verstehen und schwer zu lösen. Wäre dem nicht so, brauchten die Leute keine Hilfe. Mit spezifischen Ratschlägen halten sich gute Therapeuten deshalb lieber zurück – nicht aus Bescheidenheit, sondern aus dem Wissen heraus, dass jeder am ehesten selbst auf die Antworten kommt, die ihm weiterhelfen. Darin liegt das Vertrauen in den Menschen, dass er durchaus in der Lage ist, sich selbst mit seinen Problemen auseinanderzusetzen. Das Einzige, was er dazu braucht, sind echtes zuhörendes Interesse und ein paar Anstöße.

Noch zwei Dinge sind von großer Bedeutung: Belastbarkeit und Spannkraft. Jeder muss in seinem Leben Verluste hinnehmen und gerade im Alter werden es mehr. Unsere Stimmung und Funktionsfähigkeit hängen davon ab, wie wir auf solche Erschütterungen reagieren. Die kurz- und langfristigen Reaktionen, auch auf lebensbedrohende Ereignisse, fallen von Mensch zu Mensch unterschiedlich aus. So leidet beispielsweise nicht jeder, der an militärischen Kampfeinsätzen beteiligt war, anschließend an einem posttraumatischen Stresssyndrom.

Ich habe einmal ein Gerichtsgutachten über einen jungen Mann erstellt, der als Beifahrer in einem Wagen gesessen hatte, der von der Polizei angehalten wurde. Nach Aussage eines der Beamten hatte er der Staatsgewalt den Finger gezeigt. Er wurde dann auch noch sehr pampig und bestand darauf, es verstoße gegen kein Gesetz, einem Polizeibeamten den Mittelfinger zu zeigen. Natürlich wurde der Mann festgenommen und musste ein paar Stunden in Gewahrsam verbringen, bevor die Beschuldigung fallen gelassen und er auf freien Fuß gesetzt wurde. Das war ihm jedoch nicht Rehabilitation genug. Er zettelte einen Prozess an und behauptete unter anderem, seit der Festnahme leide er an posttraumatischem Stress mit Schlaflosigkeit, Depression und Flashbacks. Ich versuchte ihm vorsichtig beizubringen, dass sein »Trauma« im Wesentlichen selbstverschuldet war und keinesfalls das Ausmaß jenes lebensbedrohlichen Zustands hatte, den man unter posttraumatischem Stresssyndrom versteht. Klar, dass er sich anschließend einen anderen Psychiater suchte, der für ihn vor Gericht aussagen sollte. Er bekam Recht und darüber hinaus wurde ihm Anspruch auf Entschädigung in Höhe von einem Dollar zugesprochen – eine, wie ich finde, höchst salomonische Entscheidung.

Nirgends, glaube ich, ist die Bereitschaft, sich auf unsicheres Terrain vorzuwagen, so folgenreich (und lohnend) wie in dem Augenblick, in dem wir uns verlieben. Hier stehen ja unsere Vertrauens- und Hingabebereitschaft gegen unsere Lebenserfahrung, die uns viele Beispiele für die geringe Haltbarkeit menschlicher Bindungen liefert. Der Heiratsantrag wird gern mit einem im Dunklen getanen Schritt in den Abgrund verglichen, von dem man sich eine weiche Landung erhofft. Noch größere Unsicherheiten kann das Leben kaum bergen. Und trotzdem sehnen sich die Menschen nach diesem Erlebnis und setzen darauf, dass es in ihrem Fall schon gut gehen wird. Dahinter steht offenbar derselbe Drang, der auch die Flugzeuge nach Las Vegas füllt. Das Glücksspiel mit oft verschwindend geringen Chancen lockt uns gar zu sehr. Wir brauchen den Nervenkitzel und die unerschöpfliche Kraft der Hoffnung treibt uns an.

In einem Countrysong gibt es eine Zeile, die ich sehr mag: »Ich wünschte, ich wüsste heute noch nicht, was ich damals nicht wusste.« Das Leben hält immer wieder Überraschungen für uns bereit, oft auch unerfreuliche. So gut oder schlecht, wie wir mit dieser Ungewissheit fertig werden, so glücklich oder unglücklich sind wir. Ganz gewiss sind nur der Tod und die Steuer. Ist es da nicht erstaunlich, dass wir täglich den Mut aufbringen, uns aus dem Bett zu erheben? (Einmal abgesehen davon, dass Schlafzimmer auch nicht gerade die sichersten Orte der Welt sind. Wie viele hanebüchene Fehler da nicht schon gemacht wurden!) Zeit für ein weiteres Paradox: Wer Improvisation nicht scheut, kommt weiter als Leute, die sich einbilden, die Anleitungen, nach denen sie handeln, seien vollkommen narrensicher. Oder anders gesagt: Wenn wir uns selbst als die Autoren unseres Lebensdramas sehen (im Großen und Ganzen zumindest), macht uns der Weg mehr Spaß als jemandem, der sich lieber von anderen sagen lässt, wie er gehen soll.

Diejenigen unter uns nämlich, die das Leben auf simple Formeln zu reduzieren versuchen, wünschen sich leider meistens, dass auch alle anderen sich an die von ihnen aufgestellten Regeln halten. Doch das Leben ist nun mal kompliziert, angefangen bei der molekularen Ebene. Wer Biologie studiert und sich ernsthaft mit dem Zitratzyklus oder dem Aufbau der DNS befasst hat, kann angesichts der Vielschichtigkeit der allen Lebewesen gemeinsamen chemischen Abläufe nur staunen. Für Leute, die einfache Antworten suchen, ist dieses Studium weniger geeignet.

Genauso komplex geht es aber auch beim menschlichen Verhalten zu. Deshalb ist es extrem schwierig, Reaktionen auf bestimmte Umstände im Einzelfall vorauszusagen. Da überrascht es kaum, dass unsere Motive und moralischen Richtlinien auch so vielfältig und komplex sind. Wie wahrscheinlich ist es wohl, dass eines Tages ein Regelwerk der ethischer Lebensführung entsteht, das für jedermann Geltung hat und dessen Befolgung ein Leben in Frieden und Eintracht gewährleistet? Gleich null.

Was machen wir nun aber mit dieser Vielfalt von Überzeugungen und Meinungen über die »richtige« Art zu leben? Eines lässt sich mit Gewissheit sagen: Was wir dringender als alles andere brauchen und trainieren müssen, ist die Bereitschaft, bei anderen Menschen alle Verhaltensweisen hinzunehmen, die unser eigenes Streben nach Glück nicht stören oder behindern.

28

Im Alter zieht sich die Schönheit nach innen zurück

Wir sind nur dazu da, das Schöne zu entdecken.
Alles Übrige ist eine Form des Wartens.

KHALIL GIBRAN

Nichts außer dem Tod schreckt uns mehr als das Altwerden. Was wir vom Alter ringsum mitbekommen – Verlust der körperlichen Attraktivität, zunehmende Gebrechlichkeit, schwindende Selbstständigkeit und geistiger Niedergang –, lässt uns mit leisem Grauen die Spuren der Zeit an uns selbst entdecken. Schon in relativ jungen Jahren halten wir besorgt nach Falten Ausschau, beobachten den Haarausfall, kontrollieren ständig unser Gewicht. Im Kampf gegen den körperlichen Verfall scheuen wir weder Kosten noch Mühe. Jenseits der dreißig lautet das größte Kompliment, welches wir bekommen können, dass wir nicht so alt aussehen, wie wir sind. Falls noch Beweise nötig sind, zeigt auch das, dass wir in einer Kultur leben, der Form über Substanz geht.

Sie kennen sicher den Spruch: »Jeder will alt werden, aber keiner möchte es sein.« Gibt es etwas, das für den körperlichen Niedergang entschädigt? Eine meiner älteren Patientinnen erzählte mir einmal, was sie einer Verkäuferin geantwortet hatte, als diese ihr strahlend erklärte, sie sehe gar nicht wie fünfundsiebzig aus. Sie sagte: »Doch, genau so sieht fünfundsiebzig aus.« Ach, könnten wir doch alle dem Altwerden mit diesem Gleichmut begegnen!

Was gibt es nicht alles für Euphemismen für den Übergang ins Greisenalter. Die »goldenen Jahre« zum Beispiel. Da können die Alten nur müde lächeln, vor allem wenn sie schon einige der typischen Verluste der späten Jahre erlebt haben. Und wie herablassend ist erst der Ausdruck »Senioren«, der so gar nichts Aufbauendes hat und mit seinem gekünstelten Beiklang von gehobenem Ansehen eher demoralisierend wirkt.

Nach gewissen Animositäten zwischen den Generationen muss man nicht lange forschen. Denken wir nur an die Witze über die Langsamkeit und Schusseligkeit der Älteren, an die Debatte, wann man zu alt ist zum Autofahren, und schließlich an die insgesamt wachsende Neigung, Menschen aufgrund ihres Alters ins Abseits zu drängen oder auszugrenzen. All das zeigt vermutlich, dass die Jüngeren sich nicht gern vor Augen führen lassen, wie es mit ihnen selbst weitergehen wird.

Die Alten andererseits ereifern sich über Geschmack und Verhalten der jüngeren Generationen. Die Musik gefällt ihnen nicht, die Kleidung gefällt ihnen nicht und das Benehmen schon gar nicht. Da ist sicher auch ein gewisser Neid mit im Spiel, der bedauernde Rückblick auf alles, was bereits verloren ging. Wer hätte nicht schon mit einer gewissen Erbitterung auf andere geblickt, die genau das haben, wonach er sich am meisten sehnt? Solange das Fehlende etwas ist, was wir vielleicht noch bekommen können, üben wir uns vielleicht in Geduld. Was aber kann uns helfen, wenn wir im Alter auf die Jugend neidisch sind?

Was also entschädigt uns für die Verluste, die mit dem Alter einhergehen? Freizeit. »Was fang ich damit an?« Finanzielle Sicherheit. »Um *was* zu tun?« Nichts mehr erreichen müssen. »Was bedeutet mein Leben dann noch?« Ignoriert zu werden ist in jedem Lebensalter das Schlimmste, was uns passieren kann – wie eine Verneinung unseres Menschseins. Kinder kennen das gut. Strafen sind schlimm, aber nicht beachtet zu werden ist vernichtend. Dieses Gefühl, von niemandem beachtet zu werden, kann sich zu einer Form des Wahnsinns ausweiten, die nicht zu ertragen ist. Es ist ein Gefühl von Ohnmacht, das manche Menschen zu schrecklichen Verbrechen treibt. Aber genau dieses Gefühl ist das Los der Alten. Man hat nichts mehr zu tun, das gesellschaftliche Ansehen bezahlter Arbeit ist dahin, und so werden die Alten oft ausgelagert und haben dann ein Lebensumfeld, das ihnen Niedergang und Tod spiegelt und in dem sie nur noch verstummen können. Welche Zuwendung erhalten sie dann noch? Widerstrebende, pflicht-schuldige Besuche von Angehörigen, kurz und nicht sehr häufig.

Wo wäre da Platz für Schönheit? Schönheit liegt wie alle wertvollen menschlichen Qualitäten – Mut, Güte, Rückgrat, Haltung – im Auge dessen, der Sinn dafür entwickelt hat. Wir leben in einer oberflächlichen Welt, die das, was am Menschen schön sein kann, meist nur bei der Jugend sieht. Kaum jemand bezweifelt, dass attraktive Leute es leichter haben. Die Türen werden ihnen buchstäblich und im übertragenen Sinne geöffnet, und oft schreiben wir ihnen fälschlich auch noch andere bewundernswerte Eigenschaften zu, beispielsweise Intelligenz und Mitgefühl. So werden Schauspieler, deren Bilder unsere Illustrierten zieren, im öffentlichen Bewusstsein immer wieder mit den von ihnen verkörperten Figuren verwechselt.

Dass sie dann alles tun, um unseren Vorstellungen zu entsprechen, und sich beispielsweise Toxine spritzen, um den Anschein der Jugendlichkeit zu wahren, darf uns nicht wundern – ebenso wenig wie die Tatsache, dass wir sie in ihrem Verzweiflungskampf gegen das Alter nachahmen. Der Kampf ist natürlich nicht zu gewinnen, für niemanden. Trotzdem, es gibt Dinge, die auch das Alter lebenswert machen – sofern man sie entsprechend wertschätzt.

Erik Erikson unterscheidet »acht Stadien der psychosozialen Entwicklung« und bezeichnet die Zeit nach dem fünfundsechzigsten Lebensjahr als das Stadium der Reife. In diesen Jahren, in denen sich neben die früher selbstverständliche »Intaktheit« des Lebens ein wachsendes »Bangen« schiebt, geht es seiner Auffassung nach vor allem darum, »über das eigene Leben und den eigenen Tod nachzudenken und sie zu akzeptieren«. Etwas soll rund werden und wir möchten mit den Menschen in unserer nächsten Umgebung, die uns überleben werden, ins Reine kommen.

Hier vermisse ich jedoch Hinweise darauf, dass Kreativität und Energie auch in diesem Stadium eine Rolle spielen können. Tatsächlich gelten die Jahre nach dem Ausscheiden aus dem Berufsleben im Bewusstsein der Allgemeinheit ja als Freizeit, die so lange weitergeht, bis wir zu klapprig sind, um unserem Zeitvertreib weiter nachzugehen. Auch die Frage, was wir den Jüngeren vielleicht noch vermitteln könnten, scheint niemanden sonderlich zu beschäftigen. Was Wunder, dass die Alten dieser Erwartung zu entsprechen versuchen: dass sie nichts mehr zu bieten haben und sich noch ein Weilchen amüsieren und dann allmählich auf den Abgang vorbereiten sollen. Schönheit?

Wer etwas anderes möchte, denke ich, wird vielleicht das Golfspielen einschränken und dafür mehr Wert auf Kommunikation legen müssen. Dazu würde vermutlich gehören, dass wir uns Gedanken über unser Leben und dessen Sinn machen, dass wir uns Fehler und alles Nichterreichte verzeihen, bis wir schließlich zu einer Aussöhnung mit unserer Vergangenheit kommen, die uns den Menschen, die wir lieben, vorzuleben erlaubt, wie man den letzten Schritt des Loslassens von diesem irdischen Selbst tut.

In manchen Familien ist es üblich geworden, dass die Alten die Geschichte ihres Lebens erzählen. In einer Art Interview wird der ältere Angehörige ausführlich befragt. Alles, was an Erinnerungen zu eruieren ist, wird zusammengetragen und aufgeschrieben. Schließlich werden noch Fotos eingefügt und dann lässt man das Ganze vervielfältigen und binden und verteilt es an die Familie. Es lässt sich kaum beschreiben, wie heilsam das wirkt und wie aufschlussreich es für alle ist. Die interviewte Person freut es, dass Kinder und Enkel Interesse zeigen, und sie hat selbst Gelegenheit, ihr Leben zu betrachten, zu ordnen und ihm seine Bedeutung abzulauschen. Die Schrift, die man schließlich in den Händen hält, kann zu einem dauerhaften Band zwischen den Generationen werden.

Die Geschichte eines Freundes meiner Familie endete so:

Obwohl ich als Vater in der ersten Zeit manches falsch gemacht habe, sind aus meinen Kindern doch irgendwie ganze Menschen geworden. Gute, liebevolle Eltern allesamt, viel besser als ich. Für mich stehen sie mit beiden Beinen im Leben und sind glücklich. An Feiertagen und zu anderen besonderen Anlässen kommen wir alle zusammen.

Alle kommen gut miteinander aus, es ist einfach toll. Ich bis stolz auf das, was ich geleistet habe, stolz auf meine Kinder und das, was sie aus ihrem Leben gemacht haben. Ich kann mit tiefer Befriedigung sagen, dass ich ein erfülltes und reiches Leben hatte.

29

IN EINER LAWINE BETEUERT JEDE SCHNEEFLOCKE IHRE UNSCHULD

Wenn jedes einzelne Leben als Übung in persönlicher Verantwortung gemeint ist, wie steht es dann mit unserem kollektiven Leben? Wenn man unser Verhalten in jüngster Zeit betrachtet, scheinen wir Amerikaner ein Volk zu sein, das sich allzu viel auf seine politischen Erfolge einbildet; jedenfalls gibt es genügend öffentliche Verkündigungen, die Amerika als Fackel der Freiheit und im Kampf gegen das Böse in der Welt als letzte Hoffnung der Menschheit darstellen. Zu gern genießen wir das Gefühl, dass Gott mit lächelnder Zustimmung auf uns und unsere Werke blickt. Und natürlich voll hinter uns steht, wenn wir auch dem Rest der Welt die Segnungen der Freiheit und Demokratie zukommen lassen (ob sie dort erwünscht sind oder nicht).

Es besteht kein Zweifel, dass unser Land in vielen der großen Auseinandersetzungen der letzten beiden Jahrhunderte auf der richtigen Seite gestanden hat. Es besteht jedoch ebenfalls kein Zweifel, dass wir in der gleichen Zeit auch großes Unrecht getan haben. Mithin ist unser Verhalten als Nation eine Variation des alten Themas, dass alles Gute auch sein Schlechtes hat und umgekehrt, und das wiederum scheint eine Grundregel aller menschlichen Dinge zu sein. In den Gründungsdokumenten dieses Staates wurde die Sklaverei gutgeheißen, später führten wir den Bürgerkrieg, der sie beendete. Und mit ihren Folgen leben wir heute noch. Wir beschwören die Rechte der Minderheiten und lassen zugleich Diskriminierungen aller Art zu. Im Zweiten Weltkrieg haben wir ein totalitäres Regime besiegt und später Regime ganz ähnlichen Zuschnitts unterstützt. Und so weiter.

Wir wissen recht gut, dass wir weder vollkommen sind noch bei Meinungsverschiedenheiten mit anderen Ländern immer korrekt vorgehen, und trotzdem werden die unter uns, die auf Widersprüche zwischen unseren Idealen und unseren Taten hinweisen, als »unpatriotisch« denunziert. Und was das Schlimmste ist: Bei Problemen greifen wir mit Vorliebe zu militärischen Lösungen. Das ergibt sich ganz natürlich aus einem Denken, das den Menschen als grundsätzlich mit Fehlern behaftet sieht, weshalb seine niedere Natur nur mit Strafandrohungen zu bändigen ist.

Im Allgemeinen wählen wir Leute in unsere politische Führung, die voller Selbstgerechtigkeit sind und so tun, als wüssten sie die Lösungen für Probleme wie Armut, Drogenmissbrauch und nationale Sicherheit – auch wenn es erkennbar Probleme sind, die nach vielen solchen Wahlen ziemlich unverändert bestehen. Eines können diese Führungspersönlichkeiten nämlich nicht: uns vor uns selbst schützen. Oder haben Sie schon mal einen Politiker sagen hören: »Ich weiß die Antworten auf diese hartnäckigen Fragen nicht. Ich kann nur das tun, was ihr mich tun lasst.« So etwas möchte anscheinend niemand hören.

Aber es ist die Wahrheit. Wir sind nur so gut, so klug und so mächtig, wie unser kollektives Verhalten es zulässt. Wenn wir der Regierung erlaubten, ohne ausreichenden Grund (wenn nicht gar auf der Basis von Lügen und vorschnellen Annahmen) Soldaten in fremde Länder zu entsenden, dürfen wir uns dann wundern, dass es zu Kriegsverbrechen kommt? Können wir uns reinwaschen, indem wir ein paar Galgenvögel in Uniform vor Gericht stellen? Der Zweck heiligt die Mittel eben nicht. Die Mittel verraten vielmehr, dass am Zweck etwas faul ist. Wollen wir das Böse bezwingen, indem wir uns unter dem Vorwand löblicher Ziele schmutziger Mittel bedienen? Wenn wir diskutieren müssen, welche Formen der Misshandlung als Folter anzusehen sind und welche noch nicht, sind wir bereits vom Weg abgekommen.

Weshalb wollen wir das einfach nicht hören, geschweige denn verstehen? Im Privatleben würden wir doch auch nicht versuchen, Verbrechen als Mittel der Durchsetzung unserer Interessen oder unserer persönlichen Lebensphilosophie zu rechtfertigen. Unser Rechtssystem dient erklärtermaßen dem Zweck, allen Bestrebungen dieser Art einen Riegel vorzuschieben. Wie konnten wir auf den Gedanken verfallen, unser Verhalten als Nation würde nach einem anderen Maßstab gemessen? Abraham Lincoln sagte in einem der bedenklichsten Augenblicke, welche dieses Land je erlebt hat: »Liebe Mitbürger, wir werden der Geschichte nicht entgehen. Man wird sich an uns erinnern, ob es uns recht ist oder nicht. Die Feuertaufe, durch die wir gehen, wird uns für alle kommenden Generationen sichtbar bleiben lassen, in Ehre oder Unehre.« Bitte beachten Sie: Er sagte nicht »in Sieg oder Niederlage«, sondern »in Ehre oder Unehre«. Während des blutigsten Konflikts in der Geschichte dieses Landes blieben diese Werte für ihn die wichtigsten. Auch in verzweifelter Lage vergaß er den Zusammenhang nicht: »Was hülfe es dem Menschen, so er die ganze Welt gewönne und nähme doch Schaden an seiner Seele?«

Kritik an diesem Land zu üben, wenn seine (jeweilige) politische Führung die Unantastbarkeit des Einzelnen nicht achtet und sich an der Würde des Menschen vergreift, ist ein zutiefst patriotischer Akt. Die aber, die alles blind gutheißen, nur weil es »mein Land« ist, die sind die wirklich Subversiven, die noch die Nationalflagge hernehmen würden, um uns allen die Augen zu verbinden.

30

NACH DEM TOD IST ES ZU SPÄT ZUM SINGEN

Dass Sie älter werden, erkennen Sie zum Beispiel daran, dass Sie plötzlich Nachrufe auf Leute lesen, die Sie gar nicht kennen, insbesondere wenn diese Leute ungefähr Ihr Alter haben. Nachrufe konzentrieren sich wie Grabreden auf das Positive im Leben des Verstorbenen. Das ist nur natürlich, denn wenn jemand tot ist, wozu dann noch auf seiner Trunksucht, seiner Untreue und der Vernachlässigung seiner Kinder herumreiten?

Nachrufe geben nicht viel her, was auch daran liegen mag, dass sie bei der Zeitung nicht zu den begehrtesten Aufträgen zählen. Und das ist schade, denn hier ließe sich bestimmt auch Wissenswertes sagen. Viel spannender als die Lobhudeleien, die als Zusammenfassung eines Lebens ausgegeben werden, wäre doch ein Nachruf, den der Verstorbene selbst noch verfasst hat. Vielleicht würde es uns allen guttun, mit ungefähr zwanzig damit anzufangen und unseren eigenen Nachruf dann alle ein, zwei Jahre zu überarbeiten. Ich kann mir kaum eine bessere Form der Auseinandersetzung mit unserem eigenen Leben denken: Wer bin ich eigentlich; was tue ich hier; was bedeutet das alles; werde ich immer mehr der Mensch, der ich gern wäre?

Manchen meiner Patienten gebe ich tatsächlich die Hausaufgabe, ihren eigenen Nachruf zu schreiben. Genau wie das Nachdenken über die Inschrift des eigenen Grabsteins ist das eine aufschlussreiche Übung. Der eigene Nachruf kann natürlich auch zum Dichtwerk geraten, das Nachdenken darüber, wie wir im Gedächtnis anderer lebendig bleiben möchten, richtet unsere Aufmerksamkeit unversehens aber doch auf die Tatsachen aus: was wir aus unserem Leben gemacht oder eben nicht gemacht haben. Zeitungsnachrufe klammern sich meist an die Berufe der Leute – Professor, Geschäftsführerin eines Restaurants, Bodenberater, Hausfrau –, als wäre es das, woran man sich erinnern soll. Der eigene Nachruf sieht, wie zu erwarten ist, anders aus, denn hier sehen sich die Leute eher in ihrer Rolle als Eltern, in ehrenamtlichen Tätigkeiten oder bei der Ausübung ihrer Hobbys.

Und sie betrachten ihr Leben im Allgemeinen mit mehr Augenmaß als professionelle Nachrufschreiber. Wer beispielsweise eine Sucht überwunden hat, sieht das als herausragende Leistung. Fehler, die solche Menschen als Eltern gemacht haben, stehen neben Worten, die von ihrer Liebe und vom Stolz auf die Kinder sprechen. Viele können sehr gut formulieren, was sie unter oft großen Schmerzen und mit erheblichem Aufwand aus ihrem Leben gelernt haben. Die eigentliche Durchschlagkraft dieser Übung liegt aber darin, dass sie unser (in richtigen Nachrufen nie erwähntes) Bedauern über die nicht in Erfüllung gegangenen Träume ans Licht bringt.

Es zeigt sich nämlich, dass nur wenige von uns das Leben führen, das wir uns in der Jugend vorgestellt haben. Finanziell mag es uns besser gehen, als vorherzusehen, aber kaum jemand wird sagen, er sei glücklicher, als er je gedacht hätte. An Menschen in mittleren oder späteren Jahren fällt sogar eine Art Wehmut auf, oft eine rückwärtsgewandte Sehnsucht nach einem einfacheren Leben, das mehr versprach als das tatsächlich gelebte.

Der Vorteil eines vorzeitigen Nachrufs liegt darin, dass man noch etwas ändern und weitere Kapitel anfügen kann. Manche Menschen wandeln diese Übung ab, indem sie noch ein Testament hinzufügen, das aber nicht über die Verteilung hinterlassener materieller Besitztümer verfügt, sondern den ursprünglichen Sinn des lateinischen *testamentum* aufgreift und »Zeugnis ablegt« über alles, was diesem Menschen wertvoll ist und für diejenigen, die ihn überleben werden, interessant und lehrreich sein könnte. Ich halte das für eine gute Idee, ob man dieses Testament nun angesichts des tatsächlich bevorstehenden Todes macht oder in mittleren Jahren als eine Bestandsaufnahme der Erfahrungen und Überzeugungen, die man gern weitergeben würde.

Die Testamente, die ich gelesen habe, kranken ein wenig an allzu vielen Ratschlägen. Auch das scheint mir ein Beispiel für den Verlauf zu sein, den der Dialog zwischen den Generationen meist nimmt: Die Älteren sehen sich bemüßigt, den Jüngeren zu sagen, was zu tun ist. Wie viel besser würden wir ankommen, wenn wir einfach unsere Geschichte erzählten und es den Jüngeren überließen, sich die Moral der Geschichte selbst zusammenzureimen. In Schreibkursen lautet die Devise: »Erklär nichts, führ es vor.« Dahinter steht wohl, dass Werte nicht gut durch Appelle zu vermitteln sind – »folge deiner Leidenschaft« oder »was du nicht willst, dass man dir tu …« oder »lebe ein aufrechtes Leben«. Viel besser ist es, wenn wir konkret verfolgen können, wie jemand das, woran er glaubt, durch sein *Handeln* zum Ausdruck bringt. Im Allgemeinen wissen wir, was wir tun sollten; aber wir brauchen das Vorbild von Menschen, die das, woran sie glaubten, in die Tat umgesetzt haben.

Wenn uns beim Gedanken an unsere Sterblichkeit die beklemmende Frage beschleicht, was an uns wohl in Erinnerung bleiben wird, ist das nur zu verständlich. »He not busy being born is busy dying«, sang Bob Dylan. *Seine* Musik wird jedenfalls nicht mit ihm begraben werden.

ÜBER DEN AUTOR

Dr. Gordon Livingston ist Absolvent der Militärakademie West Point und der Johns Hopkins
School of Medicine. Seit 1967 praktiziert er als Arzt für
Psychiatrie. Seine schriftstellerischen Arbeiten erscheinen in bedeutenden amerikanischen Tageszeitungen
und Zeitschriften. Er ist Träger der bronzenen Tapfer-
keitsmedaille für seinen Einsatz in Vietnam und Verfas-
ser der Bücher *Nur der Frühling* und *Zu früh alt und
zu spät weise?* Gordon Livingston lebt und arbeitet in
Columbia, Maryland.

Inspirationen für ein achtsames Leben

Ajahn Brahm
Die Kuh, die weinte

240 Seiten, gebunden mit Schutzumschlag
ISBN 978-3-7787-8183-8

Lotos

Gordon Livingston

Zu früh alt und zu spät weise?

Was Sie schon immer über sich selbst wissen wollten, aber nie zu fragen wagten – hier erfahren Sie es! 30 Wahrheiten über uns selbst, die auf den ersten Blick verblüffend und unbequem erscheinen mögen. Hat man sie jedoch in ihrer ganzen Tragweite erfasst, eröffnet sich ein unerschöpfliches Reservoir der Lebensweisheit.

978-3-453-70150-2